Der Motorola Edge 50 Pro Benutzerhandbuch

Ein Vollständiges Benutzerfreundliches Handbuch zur Beherrschung der Funktionen, Tipps und Tricks für ein Verbessertes Benutzererlebnis

William C. Wills

© **2024 von William C. Wills.** *Alle Rechte vorbehalten. Kein Teil dieser Veröffentlichung darf ohne die vorherige schriftliche Genehmigung des Herausgebers in irgendeiner Form oder mit irgendwelchen Mitteln, einschließlich Fotokopie, Aufzeichnung oder anderen elektronischen oder mechanischen Methoden, reproduziert, verbreitet oder übertragen werden, außer im Fall kurzer Zitate in kritischen Rezensionen und bestimmten anderen nichtkommerziellen Nutzungen, die durch das Urheberrecht zulässig sind.*

Inhalt

Einführung..6
   Warum dieses Buch?.. 6
   Für Wen ist dieses Buch?......................................7
   So Herwenden Sie dieses Buch............................ 9

Auspacken und Einrichten...................... 11
   Was ist in der Box?.. 11
   Physischer Überblick.. 12
   Einrichten Ihrer SIM-Karten und Konten..........16

Navigieren durch die Grundlagen.............. 20
   Ein- und Ausschalten... 20
   Der Startbildschirm und die App-Schublade.....22
   Benachrichtigungen und Schnelleinstellungen. 26

Personalisieren Sie Ihr Gerät...................... 29
   Ändern von Hintergrundbildern und Themen.. 29
   Anpassen des Sperrbildschirms....................... 32
   Töne und Klingeltöne anpassen......................... 35

Anrufe Tätigen und Entgegennehmen........ 39
   Wähltastatur und Kontakte................................39
   Anrufoptionen (Halten, Stummschalten usw.).. 41
   Anrufverlauf und Einstellungen.........................44

Textnachrichten (SMS und MMS)................47
   Texte Verfassen und Versenden........................ 47

Multimedia-Nachrichten (Fotos/Videos).......... 50
  Gruppennachrichten..52
  Nachrichteneinstellungen............................... 55

Email...59
  Einrichten Ihres E-Mail-Kontos.......................59
  E-Mails lesen und schreiben............................ 62
  Verwalten von E-Mail-Ordnern und
  -Einstellungen...65

Aufnehmen von Fotos................................. 69
  Kameramodi Verstehen.....................................69
  Steuern von Fokus, Belichtung und Zoom.........72
  Kameraeinstellungen und -Optionen................75
  Sonderfunktionen (Porträtmodus,
  Nachtmodus usw.).. 77

Aufnehmen von Videos................................81
  Videoqualität Auswählen..................................81
  Stabilisierungsfunktionen............................... 83
  Zeitlupe und Zeitraffer..................................... 86

Bearbeiten von Fotos und Videos............... 89
  Integrierte Bearbeitungstools......................... 89
  Bildbearbeitungsprogramme von
  Drittanbietern...92

W-lan...97
  Verbindung zu Netzwerken Herstellen.............. 97
  WLAN-Einstellungen Verwalten......................100
  WLAN-Hotspots... 102

Bluetooth..........106
Kombination mit Zubehör..........106
Dateien Übertragen.......... 109
Bluetooth-Audiogeräte.......... 112

Mobile Daten..........116
Datennutzung Verstehen..........116
Mobile Daten Aktivieren/Deaktivieren.......... 119
Überwachung von Datenplänen..........121

Musik & Audio.......... 124
Eingebauter Musikplayer..........124
Streaming-Musikdienste (Spotify usw.).......... 127
Podcasts und Hörbücher.......... 130

Videos Anschauen..........134
Gespeicherte Videos Abspielen..........134
Beliebte Video-Streaming-Dienste (YouTube, Netflix usw.).......... 137
Screencasting-Funktionen..........140

Spielen..........144
Optimierung der Spielleistung.......... 144
Neue Spiele finden.......... 147

Kalender..........150
Erstellen und Verwalten von Ereignissen.......... 150
Verschiedene Kalenderansichten.......... 153
Integration mit Anderen Konten.......... 155

Notizen und Erinnerungen.......... 158
Einfache Notizen machen..........158

Erinnerungen Einstellen.................................. 160
Organisation mit Checklisten........................... 162

Rechner, Uhr und Andere Tools................166
Integrierte Dienstprogramme........................... 166

Optionen für die Bildschirmsperre...........169
Muster, PIN, Passwort, Fingerabdruck............ 169
Biometrisches Entsperren................................172

Datenschutzeinstellungen........................176
App-Berechtigungen verwalten....................... 176
Steuern der Standortverfolgung...................... 179
Datenerfassung Verstehen..............................182

Malware- und Virenschutz........................186

Anpassungsoptionen................................ 190
Widgets und Verknüpfungen...........................190
Kantenanzeigeeinstellungen...........................193
Moto-Aktionen (Gesten)..................................196

Batterie Optimierung.................................199
Energiesparmodi...199
Batterieverbrauch Verstehen......................... 202

Beheben Häufiger Probleme.................... 205
App-Abstürze..205
Langsame Leistung....................................... 208
Verbindungsprobleme......................................211

Über den Autor... 215

Einführung

Warum dieses Buch?

Das Motorola Edge 50 Pro ist mehr als nur ein Smartphone; Es ist ein leistungsstarkes Werkzeug mit Potenzial. Egal, ob Sie ein erfahrener Technik-Enthusiast sind oder ein Telefon suchen, das reibungslos funktioniert, dieses Gerät hat viel zu bieten. Aber wie bei jedem fortschrittlichen Tool ist es erforderlich, zu verstehen, wie alles funktioniert, um das Beste daraus zu machen.

Hier kommt dieses Buch ins Spiel. Es ist nicht nur eine Liste von Funktionen; Es handelt sich um eine Anleitung, die Ihnen dabei helfen soll, dass Ihr Motorola Edge 50 Pro so funktioniert, wie Sie es benötigen. Wir werden natürlich die Grundlagen behandeln, aber wir gehen auch noch weiter. Du wirst lernen:

- **Anpassungstricks:** Wie Sie dafür sorgen, dass sich Ihr Telefon wirklich wie Ihr eigenes anfühlt.
- **Zeitsparende Verknüpfungen:** Erledigen Sie Ihre Aufgaben schneller und optimieren Sie Ihren Arbeitsablauf.
- **Versteckte Funktionen:** Entdecken Sie die überraschenden Möglichkeiten Ihres Telefons.
- **Tipps zur Fehlerbehebung:** Lösen Sie häufige Probleme ohne fremde Hilfe.

Betrachten Sie dieses Buch als Begleiter, der Ihnen hilft, sich mit Ihrem Motorola Edge 50 Pro vertraut zu machen. Es soll praktisch und nützlich sein, unabhängig davon, ob Sie es zum ersten Mal verwenden oder alle Aspekte dieses beeindruckenden Geräts beherrschen möchten.

Für Wen ist dieses Buch?

Dieses Buch richtet sich an eine breite Palette von Motorola Edge 50 Pro-Benutzern:

- **Neulinge beim Edge 50 Pro:** Wenn Sie Ihr neues Telefon gerade erst ausgepackt haben, führt Sie dieses Buch durch das Wesentliche und hilft Ihnen, sich nicht von all den Funktionen überwältigt zu fühlen.

- **Android-Veteranen:** Selbst wenn Sie mit Android vertraut sind, könnten einige Aspekte des Motorola Edge 50 Pro einzigartig sein. Wir erklären Ihnen, was dieses Gerät auszeichnet und wie Sie seine besonderen Fähigkeiten nutzen können.
- **Gelegenheitsnutzer:** Sie müssen kein Technikexperte sein, um von diesem Buch zu profitieren. Angenommen, Sie möchten vor allem ein zuverlässiges, benutzerfreundliches Erlebnis. In diesem Fall zeigen wir Ihnen, wie Sie Ihr Telefon personalisieren, Aufgaben optimieren und die Kernfunktionen optimal nutzen können.
- **Power-User:** Diejenigen, die gerne basteln und anpassen, finden Abschnitte zum Optimieren von Einstellungen, zum Entdecken weniger bekannter Tools und zum Maximieren der Funktionen des Edge 50 Pro.

Unabhängig von Ihrem aktuellen technischen Fachwissen hat dieses Buch etwas zu bieten. Ziel ist es, Sie zu informieren und Ihnen die Möglichkeit zu geben, Ihr Motorola Edge 50 Pro optimal zu nutzen.

So Herwenden Sie dieses Buch

Dieses Buch ist so konzipiert, dass es flexibel und an Ihre Bedürfnisse anpassbar ist. So holen Sie das Beste daraus heraus:

- **Fühlen Sie sich nicht verpflichtet, alles von Anfang bis Ende zu lesen:** Auch wenn die Anordnung der Kapitel eine gewisse Logik aufweist, können Sie ruhig herumspringen. Wenn Sie eine konkrete Frage haben oder sich auf einen bestimmten Bereich konzentrieren möchten, gehen Sie direkt zum entsprechenden Kapitel.
- **Verwenden Sie es als Referenz:** Man muss sich nicht alles merken. Dieses Buch ist ebenso nützlich als Ressource, auf die Sie im Laufe der Zeit zurückgreifen. Angenommen, Sie benötigen eine Auffrischung, um etwas Bestimmtes zu tun. Das Inhaltsverzeichnis und der Index helfen Ihnen dabei, schnell den richtigen Abschnitt zu finden.
- **Experimentieren Sie unterwegs:** Der beste Weg zu lernen ist, indem man es tut! Probieren Sie die Tipps und Techniken beim Lesen auf Ihrem eigenen Motorola Edge 50

Pro aus. Fühlen Sie sich frei, herumzustöbern und zu sehen, was passiert.

- **Setzen Sie ein Lesezeichen für wichtige Seiten:** Wenn Sie bestimmte Einstellungen häufig anpassen oder sich Tipps merken möchten, markieren Sie diese Abschnitte, damit Sie später leichter darauf zugreifen können.

Betrachten Sie dieses Buch als einen freundlichen Leitfaden zur Beherrschung Ihres Motorola Edge 50 Pro. Es soll Ihnen dabei helfen, Ihr Gerät in Ihrem eigenen Tempo und auf die für Sie am besten geeignete Weise optimal zu nutzen.

Auspacken und Einrichten

Was ist in der Box?

Der Spaß beim Auspacken eines neuen Smartphones ist unbestreitbar! Lassen Sie uns genau aufschlüsseln, was Sie in der Verpackung Ihres Motorola Edge 50 Pro finden:

- **Das Motorola Edge 50 Pro:** Der Star der Show, sicher montiert in einer Schutzverpackung.
- **TurboPower-Ladegerät:** Die Schnelllade Lösung von Motorola sorgt dafür, dass Ihr Gerät schnell mit Strom versorgt wird.
- **USB-C-zu-USB-C-Kabel:** Ein vielseitiges Kabel zum Laden und zur Datenübertragung.
- **SIM-Auswurftool:** Ein kleines, unverzichtbares Werkzeug zum Einsetzen oder Entfernen Ihrer SIM-Karte.

- **Schutzhülle:** Eine einfache Hülle zum Schutz Ihres Telefons vor kleineren Schrammen und Kratzern (kann je nach Region variieren).
- **Kurzanleitung und Garantieinformationen:** Wichtige Dokumentation mit Anweisungen zur Ersteinrichtung und Garantiedetails.

Wichtiger Hinweis: In einigen Regionen oder bei einigen Anbietern sind möglicherweise zusätzliche Artikel oder Zubehör im Karton enthalten. Erkundigen Sie sich unbedingt bei Ihrem Händler nach Einzelheiten.

Physischer Überblick

Bevor wir uns mit der Software befassen, werfen wir einen Blick auf das physische Design Ihres Motorola Edge 50 Pro. Wenn Sie wissen, wo sich Tasten und Anschlüsse befinden, wird die Navigation auf Ihrem Gerät zum Kinderspiel.

Vorderseite: Das Display und darüber hinaus
- **Anzeige:** Das Edge 50 Pro verfügt über ein atemberaubendes 6,7-Zoll-pOLED-Display. Die geschwungenen Kanten sorgen für ein

elegantes Aussehen, während die lebendigen Farben und die gleichmäßige Bildwiederholfrequenz von 144 Hz dafür sorgen, dass sich alles, vom Scrollen von Social-Media-Feeds bis hin zum Spielen, unglaublich flüssig anfühlt.

- **Front-Kamera:** Die nach vorne gerichtete Kamera, die diskret oben im Display installiert ist, verfügt über eine Lochaussparung, die sich perfekt für Selfies und Videoanrufe eignet.
- **Umgebungslichtsensor:** Dieser kleine Sensor am oberen Rand des Displays ist kaum wahrnehmbar, spielt aber eine wichtige Rolle. Es passt die Helligkeit Ihres Bildschirms automatisch an die Umgebungslichtbedingungen an und stellt so sicher, dass Ihr Display immer lesbar ist.
- **Fingerabdrucksensor unter dem Display:** Eines der praktischsten Features ist der Fingerabdrucksensor, der unter dem Display sitzt. Legen Sie einfach Ihren Finger auf den dafür vorgesehenen Bereich, um Ihr Telefon sicher zu entsperren.

Motorola Edge 50 Pro

Seiten: Knöpfe und Anschlüsse
- **Rechte Seite:** Auf der rechten Seite befinden sich die Lautstärkewippe und der Power-/Sperrknopf. Wenn Sie das Telefon in der rechten Hand halten, können Sie mit dem Daumen problemlos auf diese Tasten zugreifen.
- **Linke Seite:** Die linke Seite des Edge 50 Pro ist sauber und glatt, frei von Tasten oder Anschlüssen.
- **Spitze:** Auf der Oberseite des Geräts befindet sich ein Mikrofon, das für Telefongespräche und Sprachbefehle von entscheidender Bedeutung ist.
- **Unten:** Das SIM-Kartenfach, der USB-C-Anschluss (zum Laden und zur Datenübertragung) und ein Lautsprechergitter.

Rückseite: Kameraanordnung und Design
- **Kamera-Array:** Das dreifache Rückfahrkamerasystem ist in einem leicht erhöhten Modul auf der Rückseite untergebracht. Darin sind das Haupt-Kamera Objektiv, das Weitwinkelobjektiv und die

Makrosensoren untergebracht und bieten eine Reihe von Fotooptionen.

- **Motorrad-Logo:** Das ikonische „Fledermaus" -Logo von Motorola befindet sich dezent in der Mitte der Rückseite.
- **Materialien:** Das Motorola Edge 50 Pro verwendet hochwertige Materialien wie Glas und Metall. Abhängig von der von Ihnen gewählten Farbe kann die Rückseite eine glatte, satinierte Oberfläche oder eine leicht strukturierte Haptik haben.

Gesamtgefühl

Das Motorola Edge 50 Pro vereint ein großes, beeindruckendes Display mit einem angenehmen Handgefühl. Die geschwungenen Kanten tragen zu einer eleganten Ästhetik bei, während die Verarbeitungsqualität solide und erstklassig wirkt.

Wichtige Notizen:

1. **Wasserbeständigkeit:** Der Edge 50 Pro verfügt über die Schutzart IP68 und schützt vor Staub und Eintauchen in Wasser.
2. **Schutzhülle:** Obwohl das Telefon langlebig ist, sollten Sie die Verwendung einer Schutzhülle in Betracht ziehen, um es

zusätzlich vor Stürzen und Kratzern zu schützen.

Dieser physische Überblick soll Ihnen ein solides Verständnis des Layouts des Motorola Edge 50 Pro vermitteln. Wenn Sie das Telefon verwenden, werden Sie sich schnell mit der Anordnung seiner Tasten und Anschlüsse vertraut machen.

Einrichten Ihrer SIM-Karten und Konten

Nachdem Sie nun mit den physischen Merkmalen Ihres Edge 50 Pro vertraut sind, ist es an der Zeit, ihm Leben einzuhauchen! Lassen Sie uns durch die Einrichtung Ihrer SIM-Karte und wichtiger Konten gehen.

Einlegen Ihrer SIM-Karte

- **Suchen Sie das SIM-Fach:** Sie finden es am unteren Rand des Telefons.
- **Werfen Sie das Fach aus:** Führen Sie das SIM-Auswurfwerkzeug (im Lieferumfang enthalten) in das kleine Loch neben dem SIM-Fach ein.
- **Legen Sie Ihre SIM-Karte ein:** Legen Sie Ihre Nano-SIM-Karte vorsichtig in das Fach

ein und achten Sie darauf, dass die goldenen Kontakte nach unten zeigen. Stellen Sie sicher, dass die abgeschnittene Ecke mit der Kontur auf dem Fach übereinstimmt.

- **Setzen Sie das Fach wieder ein:** Schieben Sie das SIM-Fach vorsichtig zurück in das Telefon, bis es einrastet.

Einrichten Ihres Google-Kontos

- **Wenn Sie bereits über ein Google-Konto verfügen:** Ihr Motorola Edge 50 Pro fordert Sie während des Ersteinrichtung Vorgangs zur Anmeldung auf. Dieses Konto ist mit Gmail, dem Google Play Store und mehr verknüpft.
- **Wenn Sie ein Google-Konto erstellen müssen:** Der Einrichtungsprozess führt Sie durch die Erstellung eines solchen. Es ist kostenlos und unerlässlich, um das volle Potenzial Ihres Android-Telefons auszuschöpfen.

Andere wichtige Konten

- **Trägerkonto:** Wenn Sie Ihr Telefon über einen Mobilfunkanbieter gekauft haben, werden Sie möglicherweise aufgefordert, Ihr

Mobilfunkanbieter Konto einzurichten oder sich anzumelden. Dies wird häufig zur Verwaltung Ihres Plans und Ihrer Abrechnung verwendet.
- **E-mail Konten:** Neben Ihrem Google-Konto unterstützt der Edge 50 Pro die Einrichtung zusätzlicher E-Mail-Konten (z. B. geschäftliche E-Mail-Anbieter und andere private E-Mail-Anbieter).
- **Social Media/Messaging-Apps:** Sobald Sie über einen Internetzugang verfügen, können Sie Ihre bevorzugten Social-Media- und Messaging-Apps herunterladen und sich bei ihnen anmelden.

Tipps
1. **Halten Sie Ihre Kontodaten bereit:** Sammeln Sie Ihre Benutzernamen, Passwörter und alle anderen relevanten Informationen, die Sie für die Konten benötigen, die Sie einrichten möchten.
2. **Daten von einem alten Telefon übertragen:** Einige Android-Telefone bieten während der Einrichtung einen Datenübertragungsprozess an, der das Verschieben von Kontakten, Fotos und

Einstellungen von Ihrem alten Gerät vereinfacht.

3. **Sichern Sie Ihre Daten:** Erwägen Sie die Aktivierung automatischer Sicherungsoptionen, beispielsweise über Ihr Google-Konto, um Ihre wichtigen Informationen zu schützen.
4. **Sicherheit geht vor:** Bevor Sie Ihr Telefon ausgiebig nutzen, nehmen Sie sich einen Moment Zeit, um sich mit den Sicherheitseinstellungen (z. B. Bildschirmsperroptionen) vertraut zu machen, während Sie alles einrichten.

Navigieren durch die Grundlagen

Ein- und Ausschalten

Beginnen wir mit den grundlegendsten Funktionen – der Steuerung des Energiestatus Ihres Motorola Edge 50 Pro.

Einschalten Ihres Telefons
- **Suchen Sie die Einschalt-/Sperrtaste:** Sie finden diese Schaltfläche auf der rechten Seite Ihres Geräts.
- **Drücken und halten:** Halten Sie die Ein-/Aus-/Sperrtaste einige Sekunden lang gedrückt. Sie spüren eine leichte Vibration und das Motorola-Logo erscheint auf dem Bildschirm.
- **Lass den Knopf los:** Sobald Sie das Logo sehen, lassen Sie die Einschalt-/Sperrtaste los. Ihr Telefon wird hochgefahren.

Schalten Sie Ihr Telefon aus

- **Halten Sie die Einschalt-/Sperrtaste gedrückt:** Halten Sie dieselbe Ein-/Aus-/Sperrtaste gedrückt.
- **Tippen Sie auf die Option „Ausschalten":** Auf dem Bildschirm erscheint ein Menü mit Optionen für „Ausschalten," "Neu starten," und manchmal "**Notfallmodus**." Klopfen "Ausschalten."
- **Bestätigen:** Möglicherweise wird eine Bestätigungsaufforderung angezeigt. Klopfen "**Ausschalten**" erneut, um den Vorgang abzuschließen.

Andere Verwendungsmöglichkeiten für die Ein-/Aus-/Sperrtaste

- **Schlaf/Wach:** Durch kurzes Drücken der Einschalt-/Sperrtaste wird das Display ausgeschaltet (das Telefon in den Ruhezustand versetzt) oder wieder aktiviert.
- **Bildschirmsperre:** Die Ein-/Aus-/Sperrtaste dient häufig auch dazu, Ihr Telefon aus Sicherheitsgründen zu sperren. Je nachdem, wie Sie Ihre Sicherheitseinstellungen eingerichtet haben,

kann dies die Verwendung eines Fingerabdrucks, eines Musters, einer PIN oder eines Passworts umfassen.

Wichtige Dinge, an die Sie sich erinnern sollten

1. **Neustart erzwingen:** Wenn Ihr Telefon einfriert oder nicht mehr reagiert, können Sie häufig einen Neustart erzwingen, indem Sie die Ein-/Aus-/Sperrtaste länger gedrückt halten, manchmal etwa 10–15 Sekunden.
2. **Batterieschonung:** Wenn Sie Ihr Telefon über einen längeren Zeitraum nicht verwenden, können Sie die Akkulaufzeit verlängern, indem Sie es vollständig ausschalten.

Der Startbildschirm und die App-Schublade

Stellen Sie sich den Startbildschirm Ihres Motorola Edge 50 Pro als zentralen Knotenpunkt Ihres Geräts vor. Hier finden Sie App-Verknüpfungen, Widgets und den Zugang zu den aufregenden Funktionen Ihres Telefons. Lassen Sie es uns aufschlüsseln:

Der Startbildschirm
- **App-Verknüpfungen:** Das auffälligste Element Ihres Startbildschirms ist ein Raster aus App-Symbolen. Dies sind Verknüpfungen, die Ihre installierten Apps mit einem einzigen Tastendruck starten.
- **Widgets:** Widgets sind wie interaktive Mini-Apps, die direkt auf Ihrem Startbildschirm angezeigt werden. Sie können Informationen wie Wetter, Nachrichten Aktualisierungen, Kalenderereignisse oder praktische Steuerelemente anzeigen, ohne eine vollständige App öffnen zu müssen.
- **App-Dock:** Dies ist normalerweise eine Reihe von Symbolen am unteren Bildschirmrand, die Ihnen schnellen Zugriff auf wichtige Apps wie Ihr Telefonwählgerät, Messaging und Ihren Webbrowser ermöglichen.
- **Suchleiste:** Viele Android-Geräte verfügen oben oder unten auf dem Startbildschirm über eine Suchleiste (häufig von Google unterstützt), die es Benutzern ermöglicht, Apps, Kontakte oder Webinhalte schnell zu finden.

- **Seitennavigation:** Am unteren Bildschirmrand sehen Sie möglicherweise Punkte oder eine Linie, die auf mehrere Startbildschirmseiten hinweisen. Wischen Sie nach links oder rechts, um zwischen ihnen zu wechseln.

Anpassen Ihres Startbildschirms
- **Apps hinzufügen/entfernen:** Drücken Sie lange auf ein App-Symbol und ziehen Sie es an eine neue Stelle auf dem Startbildschirm, auf eine andere Seite oder auf die Option „Entfernen".
- **Widgets:** Drücken Sie lange auf eine leere Stelle auf Ihrem Startbildschirm. Oft finden Sie eine Option zum Hinzufügen von Widgets. Wählen Sie eines aus und Sie können es normalerweise in der Größe ändern.
- **Hintergrundbilder:** Um das Aussehen zu ändern, drücken Sie lange auf eine leere Stelle auf dem Startbildschirm und wählen Sie „Hintergrundbilder und Stile".

Der App-Drawer

Die App-Schublade ist der vollständige Katalog aller auf Ihrem Telefon installierten Apps. So können Sie darauf zugreifen und es verwenden:

- **Zugriff auf die App-Schublade:** Normalerweise gibt es in Ihrem App-Dock ein Symbol, das wie ein Raster aus Punkten oder Quadraten aussieht. Wenn Sie darauf tippen, wird die App-Schublade geöffnet. Alternativ können Sie auch vom unteren Rand des Startbildschirms nach oben wischen.
- **Organisation:** Apps sind normalerweise alphabetisch geordnet. Sie können häufig vertikal durch die Liste scrollen. Bei einigen Android-Telefonen können Sie sie möglicherweise manuell neu anordnen oder Ordner in der App-Schublade erstellen.
- **Suchleiste:** Mithilfe der Suchleiste oben in der App-Schublade können Sie schnell nach bestimmten Apps suchen.

Profi-Tipp: Überladen Sie Ihren Startbildschirm nicht mit jeder App, die Sie haben! Behalten Sie das Wesentliche auf dem Startbildschirm und nutzen Sie die App-Schublade, um auf weniger häufig genutzte Apps zuzugreifen.

Benachrichtigungen und Schnelleinstellungen

Benachrichtigungen halten Sie darüber auf dem Laufenden, was mit Ihren Apps, Nachrichten, Updates und mehr passiert. Schnelleinstellungen bieten bequemen Zugriff auf häufig verwendete Einstellungen. Wenn Sie diese beherrschen, wird Ihre Telefonnutzung optimiert.

Benachrichtigungen
- **Arten von Benachrichtigungen:** Sie erhalten Benachrichtigungen über eingehende Anrufe, Textnachrichten, E-Mails, App-Updates, Social-Media-Aktivitäten, Kalendererinnerungen und mehr.
- **Das Benachrichtigungsfeld:** Wischen Sie einmal vom oberen Bildschirmrand nach unten, um das Benachrichtigungsfeld anzuzeigen. Hier sammeln sich Ihre neuen Benachrichtigungen.
- **Interaktion mit Benachrichtigungen:**

- ○ **Schnellansicht:** Sehen Sie sich eine Vorschau der Benachrichtigung an, ohne die App zu öffnen.
- ○ **Antippen zum Öffnen:** Tippen Sie auf die Benachrichtigung, um die entsprechende App zu starten.
- ○ **Zurückweisen:** Wischen Sie eine Benachrichtigung seitwärts, um sie aus dem Bedienfeld zu entfernen.
- **Anpassung:** Sie haben viel mehr Kontrolle über das Verhalten einzelner Apps. Drücken Sie lange auf eine Benachrichtigung, um auf deren Einstellungen zuzugreifen und sie stummzuschalten, ihre Priorität anzupassen oder ihre Anzeige zu verwalten.

Schnelleinstellungen
- **Zugriff auf die Schnelleinstellungen:** Um das Schnelleinstellungsfeld vollständig zu erweitern, wischen Sie zweimal vom oberen Bildschirmrand nach unten oder einmal mit zwei Fingern nach unten.
- **Allgemeine Einstellungen:** Sie finden Schalter für Dinge wie:
    - ○ W-lan
    - ○ Bluetooth

- Taschenlampe
- Flugzeug-Modus
- Automatisch drehen
- Bitte nicht stören
- Datenverbindung

- **Anpassen der Schnelleinstellungen:** Bei vielen Telefonen können Sie die Kacheln in Ihrem Schnelleinstellungsfeld hinzufügen, entfernen und neu anordnen. Suchen Sie im erweiterten Bereich nach einer Schaltfläche „Bearbeiten" (oft ein Bleistiftsymbol).

Tipps

1. **Kontrollzentrum:** Einige Android-Versionen kombinieren Benachrichtigungen und Schnelleinstellungen in einem einheitlichen „Kontrollzentrum". Die Funktionalität bleibt ähnlich.
2. **Nicht schlafen bei „Bitte nicht stören":** Dieser Modus kann unglaublich hilfreich sein, wenn Sie konzentrierte, ununterbrochene Zeit benötigen.
3. **Batteriesparmodus:** Diese Funktion finden Sie häufig in Ihren Schnelleinstellungen und verlängert die Akkulaufzeit, wenn der Akku fast leer ist.

Personalisieren Sie Ihr Gerät

Ändern von Hintergrundbildern und Themen

Ihr Motorola Edge 50 Pro sollte sich natürlicher anfühlen; Lasst uns ihm etwas Persönlichkeit verleihen! Hintergrundbilder und Themen sind eine fantastische Möglichkeit, Ihrem Telefon das Gefühl zu geben, dass es Ihnen gehört.

Ändern Sie Ihr Hintergrundbild

Die Grundlagen:
- Drücken Sie lange auf eine leere Stelle auf Ihrem Startbildschirm.
- Suchen Sie nach einer Option mit der Aufschrift „**Hintergrundbilder**," "**Stile und Hintergrundbilder**," oder etwas Ähnliches.

- Wählen Sie aus, woher Sie Ihr Hintergrundbild beziehen möchten:
    - **Voreingestellte Hintergrundbilder:** Ihr Telefon verfügt über eine Auswahl wunderschöner Bilder.
    - **Meine Fotos:** Verwenden Sie ein Foto aus Ihrer Galerie.
    - **Live-Hintergründe:** Einige Telefone bieten dynamische Hintergrundbilder mit subtilen Animationen.
- **Platzierung:** Oft können Sie Ihr Hintergrundbild für den Startbildschirm, den Sperrbildschirm oder beides festlegen.

Themen erkunden

- **Was sind Themen?**

Themes gehen einen Schritt weiter als nur Hintergrundbilder. Sie können Dinge ändern wie:

    - **Symbole:** Verleihen Sie allen Ihren App-Symbolen ein einheitliches neues Aussehen.

- **Systemfarben:** Passen Sie die Akzentfarben an, die auf der gesamten Benutzeroberfläche Ihres Telefons verwendet werden.
- **Schriftarten:** Ändern Sie die Schriftart für eine andere Atmosphäre.

- **Wo finde ich Themen:**
  - **Integrierte Optionen:** Ihr Edge 50 Pro bietet wahrscheinlich einige Designanpassungen innerhalb der **„Hintergrundbilder und Stile"** Einstellungen.
  - **Themenshops:** Einige Hersteller verfügen über spezielle Theme-Stores (z. B. Samsung Themes) mit einer großen Auswahl an kostenlosen und kostenpflichtigen Optionen. Informieren Sie sich unbedingt darüber, was für Ihr spezifisches Modell verfügbar ist.

Tipps

1. **Werden Sie kreativ mit Fotos:** Verwenden Sie Urlaubsfotos, Familienfotos

oder abstrakte Muster für einzigartige Hintergrundbilder.
2. **Dark Mode-freundlich:** Ziehen Sie dunkle Hintergrundbilder oder Themen in Betracht, um die Anzeige in schwach beleuchteten Umgebungen zu erleichtern oder den Akku zu sparen.
3. **Hintergrund-Apps von Drittanbietern:** Apps wie Walli oder Zedge bieten umfangreiche Tapetensammlungen.

Anpassen des Sperrbildschirms

Ihr Sperrbildschirm ist das Erste, was Sie sehen, wenn Sie Ihr Telefon aktivieren. Sorgen wir dafür, dass es sowohl funktional als auch optisch ansprechend ist.

Allgemeine Elemente des Sperrbildschirms
- **Uhr und Datum:** Oft werden die auffälligsten Dinge ausgestellt.
- **Benachrichtigungen:** Abhängig von Ihren Einstellungen wird möglicherweise eine Vorschau Ihrer Benachrichtigungen angezeigt.
- **Kamera-Verknüpfung:** Auf Sperrbildschirmen ist häufig ein

Kamerasymbol für den Schnellzugriff zu sehen.

- **Besitzerinformation:** Sie können eine Textzeile (z. B. Ihre E-Mail-Adresse) hinzufügen, um bei Verlust Ihres Telefons Hilfe zu leisten.

Anpassungsoptionen
Erkunden Sie zunächst die Anzeige- oder Sperrbildschirmeinstellungen Ihres Telefons. Folgendes können Sie möglicherweise ändern:

- **Uhrenstil:** Wählen Sie analoge oder digitale Uhren und passen Sie Größe und Schriftart an.
- **Always-on-Display (AOD):** Bei einigen Telefonen können Sie begrenzte Informationen (wie die Uhrzeit und Benachrichtigungen) anzeigen, selbst wenn der Bildschirm technisch nicht funktioniert "**aus**."
- **Widgets:** Fügen Sie Ihrem Sperrbildschirm kleine Widgets hinzu, um Informationen wie das Wetter oder eine Kalenderübersicht auf einen Blick zu erhalten.

- **Benachrichtigung Steuerung:** Identifizieren Sie, welche Apps Benachrichtigungen auf dem Sperrbildschirm anzeigen können und ob sie den gesamten Inhalt oder nur ein Warnsymbol anzeigen sollen.

Sicherheitsüberlegungen
- **Wählen Sie Ihre Bildschirmsperre mit Bedacht aus:** Berücksichtigen Sie die Balance zwischen Sicherheit und Komfort. Die Entsperrung per Fingerabdruck und Gesichtserkennung geht schnell, aber ein Muster, eine PIN oder ein Passwort sind möglicherweise sicherer.
- **Sichtbarkeit der Benachrichtigung:** Stellen Sie sicher, dass auf Ihrem Sperrbildschirm keine vertraulichen Informationen angezeigt werden, die für andere sichtbar sind

Zusätzliche Tipps:
1. **Passend zu Ihrem Hintergrundbild:** Erwägen Sie die Auswahl eines Uhrstils für den Sperrbildschirm und von Widget-Farben,

die die Ästhetik Ihres Hintergrundbilds ergänzen.

2. **Sperrbildschirm-Apps:** Es gibt Apps von Drittanbietern, die eine noch stärkere Anpassung des Sperrbildschirms ermöglichen. Seien Sie jedoch vorsichtig, wenn Sie die Sicherheit Ihres Telefons gefährden.

Töne und Klingeltöne anpassen

Machen wir die eingehenden Anrufe, Benachrichtigungen und Alarme zu unseren eigenen! Klanglich bietet Ihr Motorola Edge 50 Pro eine ordentliche Flexibilität.

Wichtige Bereiche zur Anpassung
- **Klingelton:** Dies ist der Ton, der bei eingehenden Telefonanrufen abgespielt wird.
- **Benachrichtigungston:** Dies ist der Standardton für Benachrichtigungen der meisten Apps (z. B. Textnachrichten, E-Mails usw.).
- **Alarmtöne:** Wählen Sie die Töne aus, die Sie wecken oder auf Ereignisse aufmerksam machen sollen.

- **Touch-/Systemtöne:** Sie können Töne wie Tastaturtipps, Bildschirmsperre und andere allgemeine Schnittstellenaktionen anpassen oder deaktivieren.

So ändern Sie Sounds
- **Greifen Sie auf Ihre Toneinstellungen zu:** Normalerweise finden Sie ein „**Klang und Vibrationen**" oder eine ähnliche Option in Ihrer Haupt-Einstellungen-App.
- **Suchen Sie die spezifische Einstellung:** Suchen Sie nach Abschnitten mit der Bezeichnung „**Klingelton**," "**Benachrichtigungston**," usw.
- **Sounds auswählen:**
    - **Integrierte Optionen:** Ihr Telefon verfügt über eine Reihe voreingestellter Töne. Tippen Sie darauf, um eine Vorschau zu hören.
    - **Benutzerdefinierte Audiodateien:** Auf vielen Telefonen können Sie jetzt Ihre Musikdateien verwenden (**.mp3, .wav, usw.**), die auf Ihrem Gerät gespeichert sind. Wählen Sie das "**Klingelton hinzufügen**" oder eine ähnliche Option.

Andere Dinge, die Sie beachten sollten
- **Lautstärkeregler:** Separate Schieberegler steuern oft die Lautstärke von Anrufen, Medien und Benachrichtigungen/Alarmen.
- **Vibration:** Sie können Vibrationen für Anrufe und Benachrichtigungen ein- oder ausschalten. Manchmal können Sie sogar das Vibrationsmuster anpassen.
- **Nicht stören-Modus:** In Ihren Toneinstellungen finden Sie den unglaublich nützlichen „Bitte nicht stören"-Modus, mit dem Sie Ihr Telefon zu bestimmten Zeiten oder in bestimmten Situationen stumm schalten können.

Tipps
1. **Klingelton an Kontakte anpassen:** Legen Sie einzigartige Klingeltöne für wichtige Kontakte fest, damit Sie wissen, wer anruft, ohne auf Ihr Telefon schauen zu müssen.
2. **Sound-Apps von Drittanbietern:** Entdecken Sie Apps wie Zedge mit einer riesigen Auswahl an Klingeltönen und Benachrichtigungstönen.
3. **Audio Aufnahme:** Wenn Sie kreativ sind, können Sie auf einigen Telefonen kurze

Audioausschnitte aufnehmen, um sie als benutzerdefinierte Sounds zu verwenden.

Anrufe Tätigen und Entgegennehmen

Obwohl Smartphones über erstaunliche Funktionen verfügen, erinnern wir uns an ihre Kernfunktion: das Tätigen und Empfangen von Telefonanrufen. Ihr Motorola Edge 50 Pro macht diese Vorgänge einfach und intuitiv.

Wähltastatur und Kontakte

Die Telefon-App

Ihre Basis für alles, was mit Anrufen zu tun hat, ist die Telefon-App. Normalerweise finden Sie auf Ihrem Startbildschirm oder in der App-Schublade ein Symbol, das einem klassischen Telefonhörer ähnelt. Beim Öffnen werden normalerweise einige Registerkarten angezeigt:

- **Wahltastatur:** Dies ist Ihr klassischer Nummernblock zum manuellen Wählen von Telefonnummern.

- **Zuletzt (Protokoll):** Hier sehen Sie eine Liste der letzten eingehenden, ausgehenden und verpassten Anrufe.
- **Kontakte:** Ein integriertes Adressbuch zum Speichern von Kontaktinformationen.

Verwenden der Wähltastatur
- **Öffnen Sie die Telefon-App und wechseln Sie zur Registerkarte „Wähltastatur" (falls erforderlich).**
- **Geben Sie die Telefonnummer ein:** Tippen Sie auf die entsprechenden Ziffern.
- **Rufen Sie an:** Drücken Sie auf das grüne Telefonsymbol, um den Anruf zu starten.

Arbeiten mit Kontakten
- **Einen neuen Kontakt hinzufügen:** Suche nach einem "+" Symbol oder **"Neuer Kontakt"** -Option auf der Registerkarte „Kontakte". Sie können einen Namen, eine Telefonnummer, eine E-Mail-Adresse und andere Details eingeben.
- **Suche nach Kontakten:** Normalerweise befindet sich oben in Ihrer Kontaktliste eine Suchleiste, über die Sie schnell jemanden finden können.

- **Anruf von Kontakten:** Tippen Sie auf den Namen eines Kontakts, um dessen Details anzuzeigen. Tippen Sie auf ihre Telefonnummer, um einen Anruf einzuleiten.

Tipps
1. **Kontakte synchronisieren:** Ihr Motorola Edge 50 Pro unterstützt wahrscheinlich die Synchronisierung von Kontakten mit Ihrem Google-Konto oder anderen Onlinediensten. Wenn Sie das Telefon wechseln, behalten Sie Ihr Adressbuch.
2. **Anruf Verknüpfungen:** Fügen Sie häufig gewählte Kontakte als Verknüpfungen auf Ihrem Startbildschirm hinzu, um mit nur einem Fingertipp anzurufen.
3. **Favoriten:** Viele Telefon-Apps verfügen über eine Registerkarte „Favoriten", über die Sie schnell auf Ihre wichtigsten Kontakte zugreifen können.

Anrufoptionen (Halten, Stummschalten usw.)

Während eines Anrufs stehen Ihnen viele nützliche Optionen zur Verfügung. Lassen Sie uns diese Funktionen Ihres Motorola Edge 50 Pro erkunden.

Der Anrufbildschirm

Das genaue Layout kann leicht variieren, aber hier sind einige allgemeine Funktionen während eines Anrufs:

- **Stumm:** Tippen Sie auf das Mikrofonsymbol, um Ihren Ton stummzuschalten, sodass der andere Teilnehmer Sie nicht hören kann.
- **Freisprecheinrichtung:** Tippen Sie auf das Lautsprechersymbol, um den Anrufton über den Lautsprecher Ihres Telefons weiterzuleiten.
- **Tastenfeld:** Manchmal müssen Sie während eines Anrufs Nummern eingeben (z. B. „**Drücken Sie 1 für den Kundensupport**"). Hierfür wird die Tastatur zugänglich.
- **Halten:** Tippen Sie auf das Haltesymbol (häufig zwei Kreise), um den Anruf vorübergehend zu unterbrechen. Beide Parteien hören einander nicht.
- **Anruf hinzufügen:** Dadurch können Sie einen zweiten Anruf einleiten und ihn zu einer Telefonkonferenz zusammenführen.
- **Andere Optionen:** Möglicherweise sehen Sie Schaltflächen für Bluetooth, zum

Aufzeichnen des Anrufs (überprüfen Sie die örtlichen Gesetze zum Aufzeichnen anderer) oder für den Zugriff auf weitere Einstellungen.

So greifen Sie auf diese Funktionen zu
- **Während eines aktiven Anrufs:** Ihr Bildschirm sollte automatisch zur Anrufansicht wechseln und diese Optionen anzeigen.
- **Bildschirm minimieren:** Bei einigen Telefonen können Sie die Anrufansicht auf ein kleineres, verschiebbares Fenster reduzieren, sodass Sie während Ihres Anrufs auf andere Apps zugreifen können.

Zusätzliche Tipps
- **Einen Anruf beenden:** Normalerweise gibt es ein großes Rot "**Anruf beenden**" -Taste zum Auflegen.
- **Anklopfen:** Wenn Sie ein aktives Gespräch führen und einen zweiten eingehenden Anruf erhalten, werden Sie von Ihrem Telefon benachrichtigt und haben häufig die Möglichkeit, den ersten Anruf anzunehmen,

abzulehnen oder in die Warteschleife zu legen.
- **Headset-Steuerung:** Wenn Sie ein kabelgebundenes oder Bluetooth-Headset verwenden, verfügt dieses möglicherweise über Tasten für Lautstärke, Stummschaltung und Annehmen/Beenden von Anrufen.

Anrufverlauf und Einstellungen

DerDas Motorola Edge 50 Pro verfolgt Ihre Anrufaktivitäten und bietet Einstellungen, um das Telefonanruferlebnis an Ihre Vorlieben anzupassen.

Anrufverlauf (oder Anrufprotokoll)
- **Zugriff auf Ihre Anrufliste:** In Ihrer Telefon-App gibt es normalerweise eine Registerkarte namens **„Jüngste,"** **"Protokoll,"** oder etwas ähnliches.
- **Was ist aufgeführt:** Sie sehen eine Liste der eingehenden, ausgehenden und verpassten Anrufe. Jeder Eintrag weist typischerweise auf Folgendes hin:
  - Name oder Telefonnummer (sofern der Kontakt gespeichert ist).
  - Datum und Uhrzeit des Anrufs.
  - Dauer des Anrufs.

- Anruftyp (eingehend, ausgehend, verpasst), dargestellt durch Symbole.

Aktionen innerhalb der Anrufhistorie

- **Ruf zurück:** Tippen Sie auf einen Eintrag, um schnell einen Rückruf an diese Nummer einzuleiten.
- **Details ansehen:** Tippen Sie auf einen Eintrag, um weitere Informationen zu erhalten, manchmal auch Optionen zum Hinzufügen zu Kontakten oder zum Blockieren der Nummer.
- **Anrufverlauf löschen:** Normalerweise besteht die Möglichkeit, einzelne Einträge oder Ihr gesamtes Anrufprotokoll zu löschen.

Anrufeinstellungen

Gehen Sie in die Einstellungen Ihrer Telefon-App oder in die Hauptsystemeinstellungen Ihres Motorola Edge 50 Pro, um diese nützlichen Optionen zu finden:

- **Anrufsperre:** Blockieren Sie unerwünschte Anrufe von bestimmten Nummern oder unbekannten Anrufern.

- **Anrufweiterleitung:** Leiten Sie eingehende Anrufe an eine andere Nummer um, wenn Sie nicht erreichbar oder beschäftigt sind.
- **Voicemail-Einstellungen:** Richten Sie Ihre Voicemail-Begrüßung und andere Optionen ein.
- **WLAN-Anrufe:** Verwenden Sie WLAN für Anrufe, wenn der Mobilfunkempfang schlecht ist (abhängig vom Mobilfunkanbieter).
- **Klingelton/Vibration:** Passen Sie diese Einstellungen unabhängig für eingehende Anrufe an.

Wichtige Notizen

1. **Netzbetreiberspezifische Einstellungen:** Ihr Mobilfunkanbieter bietet möglicherweise zusätzliche Anrufeinstellungen an, auf die über seine App oder Website zugegriffen werden kann.
2. **Visuelle Voicemail:** Einige Mobilfunkanbieter bieten eine visuelle Voicemail-Funktion an, mit der Sie eine Liste Ihrer Voicemail-Nachrichten anzeigen und diese in beliebiger Reihenfolge abspielen können.

Textnachrichten (SMS und MMS)

Textnachrichten sind eine der bequemsten Möglichkeiten, in Kontakt zu bleiben, und Ihr Motorola Edge 50 Pro macht es Ihnen ganz einfach. Lassen Sie uns die Grundlagen des Versendens von einfachen Texten (SMS) und Multimedia-Nachrichten (MMS) behandeln.

Texte Verfassen und Versenden

Ihre SMS-App
Ihr primärer SMS-Hub wird wahrscheinlich „**Mitteilungen**," "**Nachrichten**," oder etwas Ähnliches. Suchen Sie nach einem Chat-Blasensymbol auf Ihrem Startbildschirm oder in der App-Schublade.

Eine neue Nachricht starten
- Öffnen Sie Ihre Messaging-App.

- Suche nach einem "**Neue Nachricht,**" "**Komponieren,**" oder "+" Taste.
- **Geben Sie den Empfänger ein:** Sie können eine Telefonnummer direkt eingeben oder einen Kontakt aus Ihrer Kontaktliste auswählen.
- **Geben Sie Ihre Nachricht ein:** Im Textfeld geben Sie den Inhalt Ihrer Nachricht ein.

SMS vs. MMS

- **SMS (Short Message Service):** Hierbei handelt es sich um klassische Textnachrichten, die auf reinen Text (in der Regel etwa 160 Zeichen) beschränkt sind.
- **MMS (Multimedia Messaging Service):** Damit können Sie Folgendes einbeziehen:
  - Fotos
  - Videos
  - Audioaufnahmen
  - Längere Textblöcke

Senden Ihrer Nachricht

- **Medien hinzufügen (für MMS):** Suchen Sie nach Anhangssymbolen, normalerweise

einer Büroklammer oder „+" -Symbol, um Bilder hinzuzufügen usw.
- **Schaltfläche „Senden":** Sobald Sie fertig sind, klicken Sie auf die Schaltfläche „Senden" (oft ein Pfeil oder ein Papierfliegersymbol).

Tipps
1. **Gruppennachrichten:** Erstellen Sie Gruppennachrichten, um mehreren Personen gleichzeitig eine SMS zu senden.
2. **Emoji und Aufkleber:** Peppen Sie Ihre Texte mit ausdrucksstarken Emojis und Stickern auf. Die meisten Tastaturen haben sie integriert.
3. **GIFs:** Viele Messaging-Apps unterstützen das Senden kurzer animierter GIFs für zusätzlichen Spaß.

Dinge, an die man sich erinnern sollte
1. **Zeichenbeschränkungen:** Für SMS gelten strenge Zeichenbeschränkungen. Wenn Sie diese überschreiten, wird Ihre Nachricht möglicherweise in mehrere Texte aufgeteilt.
2. **Datenverbrauch:** MMS verwendet mobile Daten. Denken Sie also darüber nach, ob Sie

einen unbegrenzten Tarif benötigen. WLAN kann eine Alternative sein.

Multimedia-Nachrichten (Fotos/Videos)

MMS erweitert Ihr SMS-Erlebnis, indem Sie mehr als nur Worte teilen können. So holen Sie das Beste aus Ihrem Motorola Edge 50 Pro heraus.

Anhängen von Fotos und Videos
- **In Ihrer Messaging-App:** Achten Sie beim Verfassen einer neuen Nachricht oder in einem vorhandenen Konversationsthread auf Folgendes:
  - **Kamerasymbol:** Auf diese Weise können Sie normalerweise ein neues Foto oder Video direkt in der Messaging-App aufnehmen.
  - **Galerie-Symbol (häufig ein Bildsymbol):** Auf diese Weise können Sie vorhandene Fotos oder Videos aus der Galerie Ihres Telefons auswählen.
- **Dateigröße:** Achten Sie besonders bei Videos auf die Dateigröße. Das Senden großer Dateien kann länger dauern oder

fehlschlagen, wenn sie die Grenzen Ihres Netzbetreibers überschreiten.
- **Kompression:** Ihr Telefon bietet möglicherweise automatisch an, große Videos vor dem Senden zu komprimieren, um sie zu verkleinern.

Andere Arten von Medien
- **Standort teilen:** Mit einigen Messaging-Apps können Sie Ihren Standort ganz einfach auf einer Karte teilen.
- **Audioaufnahmen:** Wenn Sie eine Sprachnotiz senden müssen, suchen Sie nach einem Mikrofonsymbol.
- **Kontakte:** Sie können die Details eines Kontakts direkt als MMS-Anhang teilen.

Tipps
1. **MMS und Daten:** Denken Sie daran, dass beim Senden und Empfangen von MMS mobile Daten verwendet werden. Wenn Ihr Datentarif begrenzt ist, nutzen Sie wann immer möglich WLAN, insbesondere für Videos.
2. **Fotos bearbeiten:** Einige Messaging-Apps verfügen über grundlegende integrierte

Bearbeitungstools, mit denen Sie Ihre Fotos vor dem Senden zuschneiden, Filter hinzufügen oder zeichnen können.
3. **Apps von Drittanbietern:** Für eine noch erweiterte Foto- und Videobearbeitung können Sie spezielle Apps verwenden und Ihre Kreationen dann ganz einfach per MMS teilen.

Dinge, die man beachten muss
- **Kompatibilität:** Nicht alle Telefone unterstützen den Empfang großer MMS-Dateien. Wenn Ihr Empfänger Ihre Nachrichten nicht erhält, versuchen Sie, die Dateigröße zu reduzieren.
- **Gruppennachrichten per MMS:** Beachten Sie, dass bei Gruppennachrichten beim Senden von Bildern oder Videos mehr Daten verbraucht werden, da die Nachricht an mehrere Personen gesendet wird.

Gruppennachrichten

Gruppennachrichten sind lebensrettend, wenn Sie mit mehreren Personen gleichzeitig koordinieren müssen. Mal sehen, wie Ihr Motorola Edge 50 Pro damit umgeht.

Eine Gruppennachricht starten

- Öffnen Sie Ihre Messaging-App.
- **Starten Sie eine neue Nachricht:** Tippen Sie auf das Symbol „Nachricht verfassen" oder „Neue Nachricht".
- **Mehrere Empfänger hinzufügen:** Sie haben mehrere Möglichkeiten:
  - **Zahlen manuell eingeben:** Geben Sie die einzelnen Telefonnummern durch Kommas getrennt ein.
  - **Wählen Sie aus Kontakten:** Tippen Sie auf Ihre Kontaktliste und wählen Sie mehrere Kontakte aus.
  - **Bestehende Gruppen:** Wenn Sie in Ihren Kontakten voreingestellte Gruppen erstellt haben, können Sie die gesamte Gruppe gleichzeitig auswählen.

Wissenswertes über Gruppennachrichten

- **Antworten:** Wenn jemand auf eine Gruppennachricht antwortet, sieht normalerweise jeder die Antwort.
- **Benennung der Gruppe:** Bei einigen Messaging-Apps können Sie Ihrem

Gruppenchat einen Namen zuweisen, um ihn leichter identifizieren zu können.
- **Eine Gruppe verlassen:** Sie können Benachrichtigungen aus einem Gruppenchat stummschalten oder ihn bei Bedarf ganz verlassen.
- **MMS vs. SMS:** Gruppennachrichten werden möglicherweise in MMS umgewandelt, wenn jemand SMS-Gruppengespräche nicht unterstützt oder wenn Medien wie Fotos gesendet werden.

Tipps für effektives Gruppen-Messaging
- **Geben Sie den Ton an:** Beginnen Sie die Nachricht, indem Sie den Zweck des Gruppenchats klar angeben (z. B. „**Ich plane Sarahs Party**" oder "**Family Updates**").
- **Achten Sie auf das Timing:** Vermeiden Sie es, Nachrichten spät abends oder früh morgens zu senden.
- **Verwenden Sie @Erwähnungen:** Wenn Sie eine bestimmte Person innerhalb der Gruppe ansprechen möchten, können Sie in einigen Apps „@" gefolgt von ihrem Namen, um Ihre Nachricht für sie hervorzuheben.

Zusätzliche Dinge, auf die Sie achten sollten

- **Einzelne Antworten:** Bei einigen Telefonen können Sie einer einzelnen Person innerhalb einer Gruppennachricht privat antworten. Überprüfen Sie die Optionen, wenn Sie auf eine bestimmte Nachrichtenblase tippen.
- **Mitglieder hinzufügen/entfernen:** Sie können Gruppenmitglieder verwalten, indem Sie neue Personen hinzufügen oder bestehende entfernen.

Nachrichteneinstellungen

Ihr Motorola Edge 50 Pro bietet eine gute Kontrolle über die Funktionen Ihrer Messaging-App. Um die Einstellungen zu finden, müssen Sie normalerweise Folgendes tun:

- Öffnen Sie Ihre Messaging-App.
- **Suchen Sie nach dem Symbol „Einstellungen":** Dabei kann es sich um ein Drei-Punkte-Symbol oder ein Zahnradsymbol handeln, häufig auf dem Hauptbildschirm der App.

Wichtiger Hinweis: Die spezifischen Einstellungen können je nach Mobilfunkanbieter und Telefonmodell variieren. Folgendes werden Sie WAHRSCHEINLICH finden:

Benachrichtigungen
- **Sounds anpassen:** Ändern Sie den Benachrichtigungston speziell für Textnachrichten.
- **Vibration:** Schalten Sie die Vibration für eingehende Nachrichten ein oder aus
- **Vorschau vor der Nachricht:** Legen Sie fest, ob Ihr Telefon eine Vorschau der Nachricht auf dem Sperrbildschirm oder in der Benachrichtigungsleiste anzeigen soll
- **Anpassung pro Kontakt:** Steuern Sie Benachrichtigungen für bestimmte Kontakte oder Gespräche

Aussehen
- **Themen/Farben:** Bei einigen Telefonen können Sie das Farbschema und das Erscheinungsbild der Messaging-App ändern
- **Blasenstil:** Passen Sie an, ob Ihre Nachrichten und die Nachrichten der anderen

Person in verschiedenfarbigen Blasen angezeigt werden
- **Dunkler Modus:** Aktivieren Sie ein dunkles Thema, um die Anzeige bei Nacht zu erleichtern

MMS-Einstellungen
- **Gruppennachrichten:** Wählen Sie, ob Gruppengespräche als mehrere einzelne SMS-Nachrichten oder als einzelne MMS gesendet werden
- **Lieferberichte:** Erhalten Sie Bestätigungstexte, wenn Ihre gesendeten Nachrichten erfolgreich zugestellt wurden
- **Automatischer Download:** Steuern Sie, ob MMS-Anhänge (z. B. Fotos) automatisch heruntergeladen werden oder eine manuelle Genehmigung erfordern

Erweiterte Einstellungen
- **Carrier-spezifische Optionen:** Möglicherweise finden Sie Einstellungen im Zusammenhang mit den Netzwerkdiensten Ihres Mobilfunkanbieters

- **Gesperrte Nummern:** Verwalten Sie eine Liste gesperrter Nummern, die Ihnen keine SMS senden können
- **Spamschutz:** Aktivieren Sie alle integrierten Spam-Filter

Tipps

1. **Speicherplatz sparen:** Deaktivieren Sie den automatischen Download für MMS, wenn Sie über einen begrenzten Datentarif verfügen. Sie können Anhänge bei Bedarf manuell herunterladen.
2. Ihre genauen Nachrichteneinstellungen bieten möglicherweise zusätzliche Personalisierungsoptionen – haben Sie keine Angst vor Experimenten.

Email

DerMit dem Motorola Edge 50 Pro decken Sie alle Ihre E-Mail-Anforderungen ab. Die meisten Telefone verfügen über eine integrierte E-Mail-App, Sie können jedoch jederzeit Ihre bevorzugte Drittanbieter-App aus dem Play Store herunterladen.

Einrichten Ihres E-Mail-Kontos

Verwenden der integrierten E-Mail-App

- **Suchen Sie die E-Mail-App:** Suchen Sie nach einer App mit dem Namen „**Email**," "**Post**," oder etwas Ähnliches auf Ihrem Startbildschirm oder in der App-Schublade.
- **Wählen Sie Ihren Anbieter:** Die App wird wahrscheinlich eine Liste gängiger E-Mail-Anbieter wie Gmail, Outlook, Yahoo usw. anzeigen. Wählen Sie Ihren aus.
- **Geben Sie ihre Details ein:** Geben Sie Ihre E-Mail-Adresse und Ihr Passwort ein. Die

App konfiguriert möglicherweise automatisch die restlichen Einstellungen.
- **Manuelle Einrichtung:** Wenn Ihr E-Mail-Anbieter nicht aufgeführt ist, wählen Sie „**Manuelle Einrichtung**" und geben Sie Folgendes ein (möglicherweise müssen Sie die spezifischen Einstellungen Ihres Anbieters online finden):
    - **IMAP/POP3:** Protokolle zum Abrufen von E-Mails
    - Einstellungen des Posteingangsservers
    - Einstellungen für den Postausgangsserver

Zusätzliche Konten einrichten

Bei den meisten E-Mail-Apps können Sie mehrere Konten verwalten. Suchen Sie nach einem „**Konto hinzufügen**" -Option in Ihren Einstellungen.

Beliebte E-Mail-Apps von Drittanbietern
- **Google Mail:** Die offizielle Gmail-App bietet ein übersichtliches, organisiertes Erlebnis, insbesondere wenn Sie stark in Google-Dienste integriert sind.
- **Ausblick:** Eine solide Wahl für die Verwaltung von Geschäftskonten und die

Integration mit Microsoft-Kalendern und -Kontakten.
- **Andere Optionen:** Apps wie Spark oder Bluemail sind beliebte Alternativen mit einzigartigen Funktionen, die es zu erkunden gilt.

Tipps
1. **Sicherheit geht vor:** Wenn Sie eine Option zur Verwendung einer sicheren Verbindung (SSL/TLS) sehen, wählen Sie diese aus.
2. **Synchronisierungsfrequenz:** Passen Sie an, wie oft Ihr Telefon nach neuen E-Mails sucht, um Reaktionsfähigkeit und Akkulaufzeit in Einklang zu bringen.
3. **Mitteilungen:** Wählen Sie, ob Sie eine Benachrichtigung für jede neue E-Mail oder nur für Prioritätsabsender wünschen.

Wichtiger Hinweis: Wenn Sie Probleme beim Einrichten Ihres Kontos haben, schauen Sie auf der Support-Seite Ihres E-Mail-Anbieters nach. Sie haben oft Schritt-für-Schritt-Anleitungen.

E-Mails lesen und schreiben

E-Mails lesen

- **Öffnen Sie Ihre E-Mail-App:** Ihr Posteingang ist normalerweise der erste Bildschirm, den Sie sehen, wenn Sie die App öffnen.
- **Antippen zum Öffnen:** Tippen Sie auf eine E-Mail in Ihrer Posteingangsliste, um deren Inhalt anzuzeigen.
- **Navigieren zwischen E-Mails:** Verwenden Sie Wischgesten oder „**zurück**" -Schaltflächen, um zwischen geöffneten E-Mails zu wechseln und zu Ihrem Posteingang zurückzukehren.
- **Aktionen für E-Mails:** Zu den üblichen Maßnahmen gehören:
    - **Antwort:** Reagieren Sie direkt auf den Absender.
    - **Allen antworten:** Reagieren Sie auf den Absender und alle anderen Empfänger in der E-Mail-Kette.
    - **Nach vorne:** Teilen Sie die E-Mail mit einer anderen Person.
    - **Archivieren/Löschen:** Entfernen Sie die E-Mail aus Ihrem Posteingang

(durch die Archivierung bleibt sie oft durchsuchbar, aber Ihre Ansicht wird nicht überfüllt).
- **Als gelesen/ungelesen markieren**
- **Stern/Flagge:** Markieren Sie wichtige E-Mails, damit Sie sie leichter abrufen können.

Emails schreiben

- **Schaltfläche „Verfassen":** Um eine neue E-Mail zu beginnen, suchen Sie nach einem **„Komponieren**," **"Neue e-mail**," oder ein "+" Taste.
- **Empfängerfeld („An:"):** Geben Sie die E-Mail-Adresse ein, an die Sie es senden möchten. Sie können es an mehrere Empfänger senden (durch Kommas trennen).
- **Betreff:** Fügen Sie eine klare und prägnante Betreffzeile hinzu, die den Zweck Ihrer E-Mail zusammenfasst.
- **Nachrichtentext:** Dies ist der Hauptnachrichtenbereich. Verwenden Sie die Bildschirmtastatur, um Ihre E-Mail einzugeben.
- **Formatierung:** Die meisten E-Mail-Apps bieten grundlegende Formatierungstools wie

Fett- und Kursivschrift, Listen und Textanpassungen.
- **Anhänge:** Tippen Sie auf das Anhangssymbol (normalerweise eine Büroklammer), um Dateien, Fotos oder andere Elemente zu Ihrer E-Mail hinzuzufügen.
- **Schaltfläche „Senden":** Sobald alles gut aussieht, klicken Sie auf die Schaltfläche „Senden" (oft ein Papierflieger-Symbol).

Tipps
1. **Korrekturlesen:** Nehmen Sie sich einen Moment Zeit, um Tippfehler und Klarheit zu überprüfen, bevor Sie auf „Senden" klicken, insbesondere bei wichtigen E-Mails.
2. **Fassen Sie es kurz:** Achten Sie insbesondere bei geschäftlichen E-Mails auf Kürze und kommen Sie schnell auf den Punkt.
3. **CC vs. BCC:**
    a. **CC (Durchschlag):** Die hier aufgeführten Empfänger sind für jeden sichtbar, der die E-Mail erhält.
    b. **BCC (Blind Carbon Copy):** Empfänger im BCC-Feld werden ausgeblendet, sodass Sie problemlos

E-Mails an mehrere Personen senden können, ohne deren Adressen gegenseitig preiszugeben.
4. **Unterschrift:** Erwägen Sie die Einrichtung einer E-Mail-Signatur in Ihren App-Einstellungen, um Ihren Namen, Titel und Kontaktinformationen automatisch am Ende Ihrer E-Mails hinzuzufügen.

Verwalten von E-Mail-Ordnern und -Einstellungen

Ordner (oder Etiketten)
- **Warum Ordner?:** Mithilfe von Ordnern können Sie Ihre E-Mails kategorisieren und Ihren Posteingang übersichtlich halten. Betrachten Sie sie als virtuelle Aktenschränke für Ihre Nachrichten.
- **Ordner erstellen:** Suche nach einem "**Erstellen Ordner**," "**Neuer Ordner**," oder "+" -Schaltfläche in den Einstellungen oder im Seitenleistenmenü Ihrer E-Mail-App.
- **E-Mails verschieben:** Bei den meisten E-Mail-Apps können Sie eine oder mehrere E-Mails auswählen und in einen ausgewählten Ordner verschieben.

- **Gmail vs. Ordner:** Einige E-Mail-Apps wie Gmail verwenden ein System von „Etiketten"", die ähnlich funktionieren, aber auf mehrere E-Mails gleichzeitig angewendet werden können.

Wichtige integrierte Ordner
- **Posteingang:** Ihr primärer Ordner, in dem neue E-Mails eingehen.
- **Gesendet:** Speichert Kopien der von Ihnen gesendeten E-Mails.
- **Entwürfe:** Ein Ort für E-Mails, die Sie begonnen haben, aber noch nicht fertig geschrieben haben.
- **Spam/Junk:** Filtert verdächtige E-Mails automatisch heraus.
- **Müll:** Wohin E-Mails gehen, wenn Sie sie löschen?

E-Mail-App-Einstellungen
Gehen Sie in die Einstellungen Ihrer E-Mail-App, um diese wertvollen Anpassungen zu finden:

- **Benachrichtigungen:** Sie können die Benachrichtigung Häufigkeit, die Töne und die Ordner steuern, die Benachrichtigungen auslösen.

- **Wischaktionen:** Passen Sie an, was passiert, wenn Sie eine E-Mail in Ihrem Posteingang nach links oder rechts wischen (z. B. archivieren, löschen).
- **Unterschrift:** Richten Sie eine Standardsignatur ein, die automatisch am Ende Ihrer neuen E-Mails angezeigt wird.
- **Kontospezifische Optionen:** Sie können die Synchronisierungshäufigkeit für einzelne E-Mail-Konten anpassen, Urlaubsantworten (Abwesenheitsantworten) einrichten und vieles mehr.

Tipps
1. **Regelmäßige Reinigung:** Verpflichten Sie sich, Ihren Posteingang gelegentlich zu sortieren. Archivieren oder löschen Sie alte E-Mails, um das Auffinden wichtiger E-Mails zu erleichtern.
2. **Automatische Filterung:** Entdecken Sie, ob Ihre E-Mail-App es Ihnen ermöglicht, Regeln einzurichten, um E-Mails basierend auf Schlüsselwörtern, Absendern usw.

automatisch in bestimmte Ordner zu verschieben.

3. **Die Suche ist dein Freund:** Die meisten E-Mail-Apps verfügen über leistungsstarke Suchfunktionen, mit denen Sie eine bestimmte E-Mail finden können, selbst wenn diese in einem unorganisierten Posteingang vergraben ist.

Aufnehmen von Fotos

Kameramodi Verstehen

Bei Ihrer Kamera-App geht es nicht nur ums Zeigen und Klicken. Verschiedene Kameramodi bieten spezielle Einstellungen und Funktionen für bestimmte Arten der Fotografie. Lassen Sie uns die häufigsten aufschlüsseln, die Sie wahrscheinlich finden werden:

Kernmodi

- **Foto (oder Auto):** Die Standardeinstellung ist der No-Frills-Modus. Es ist für einfache, alltägliche Aufnahmen konzipiert und verfügt über automatische Farb-, Fokus- und Belichtungseinstellungen.
- **Porträt:** Dieser beliebte Modus erzeugt einen unscharfen Hintergrundeffekt ("**Bokeh**"), wodurch Ihr Motiv von der Umgebung getrennt und hervorgehoben wird.

- **Video:** Ziemlich selbsterklärend! Dadurch wird Ihre Kamera in den Videoaufnahmemodus geschaltet.
- **Nacht-Modus:** Dieser auf Situationen mit wenig Licht spezialisierte Modus nimmt oft mehrere Bilder auf und kombiniert sie, um bei Dunkelheit mehr Helligkeit und Details zu erzielen.

Spezialisierte Modi

- **Pro (oder manuell):** Dadurch haben Sie eine detaillierte Kontrolle über Dinge wie ISO, Verschlusszeit und Weißabgleich. Es ist für erfahrene Fotografen gedacht, die die volle kreative Kontrolle wünschen.
- **Panorama:** Fügen Sie mehrere Fotos zusammen, um extrem breite Landschaftsaufnahmen zu machen, die ein größeres Sichtfeld einfangen.
- **Makro:** Machen Sie Super-Nahaufnahmen von Blumen, Insekten und kleinen Objekten und enthüllen Sie komplizierte Details.
- **Zeitlupe:** Die Aufnahmebewegung wurde verlangsamt, um einen dramatischen Effekt zu erzielen.

Zusätzliche Dinge, die Sie wissen sollten

- **Umschaltmodi:** Die Methode zum Ändern des Modus variiert geringfügig je nach Kamera-App Ihres Telefons. Möglicherweise gibt es eine Liste, einen karussellartigen Selektor oder ein „**Mehr**" Registerkarte mit zusätzlichen Modi.
- **App-spezifische Modi:** Die Kamera-App des Motorola Edge 50 Pro verfügt möglicherweise über einzigartige Modi, die darauf ausgelegt sind, die Vorteile der Hardware zu nutzen.
- **Kamera-Apps von Drittanbietern:** Wenn die integrierte App nicht ausreicht, finden Sie im Play Store noch leistungsfähigere Kamera-Apps.

Tipps

1. **Experiment!:** Am besten lernt man, indem man verschiedene Modi ausprobiert. Es macht Spaß und Sie werden überrascht sein, was Sie erreichen können.
2. **Beleuchtung ist der Schlüssel:** Eine gute Beleuchtung ist oft wichtiger als ausgefallene Modi.

3. **Lesen Sie das Handbuch:** Wenn Sie neugierig sind, finden Sie im Handbuch Ihres Telefons wahrscheinlich weitere Einzelheiten zu den spezifischen Kameramodi.

Steuern von Fokus, Belichtung und Zoom

Selbst im einfachen Fotomodus haben Sie erhebliche Kontrolle über die Kamera Ihres Motorola Edge 50 Pro. Lassen Sie uns diese wesentlichen Punkte aufschlüsseln:

Fokus
- **Autofokus:** Ihre Kamera versucht normalerweise, intelligent zu bestimmen, was scharfgestellt werden soll.
- **Zum Fokussieren tippen:** Bei den meisten Kamera-Apps können Sie auf einen bestimmten Bereich auf dem Bildschirm tippen, um Ihrem Telefon mitzuteilen: „**Machen Sie DIES zum Fokuspunkt**."
- **Fokussperre:** Bei einigen Telefonen können Sie durch Tippen und Halten den Fokus fixieren, auch wenn Sie den Bildausschnitt neu bestimmen.

Belichtung (Helligkeit)

- **Automatische Belichtung:** Die Kamera versucht, die richtige Helligkeit für Ihr Bild zu ermitteln.
- **Manuelle Einstellung:** Suchen Sie nach einem Sonnensymbol oder einem Helligkeitsregler neben Ihrem Fokuspunkt. Wenn Sie diesen nach oben oder unten schieben, wird die Belichtung angepasst, bevor Sie das Foto aufnehmen.

Zoomen

- **Digitaler Zoom:** Dadurch wird das Bild im Wesentlichen beschnitten und vergrößert, was häufig zu einem Qualitätsverlust führt.
- **Optischer Zoom:** Wenn Ihr Edge 50 Pro über mehrere Kameraobjektive verfügt, verfügt er wahrscheinlich über einen optischen Zoom. Dabei werden die Linsen verwendet, um Ihr Motiv zu vergrößern und gleichzeitig eine bessere Bildqualität beizubehalten.
- **Vergrößern:** Sie können den Bildschirm oft durch Auf- und Zuziehen vergrößern. Alternativ verfügen einige Kameras über

einen Zoom-Schieberegler oder physische Zoom-Tasten.

Tipps

1. **Auf die Beleuchtung kommt es an:** Wenn Ihre Fotos zu dunkel oder zu hell erscheinen, versuchen Sie, sich selbst oder Ihr Motiv im Hinblick auf die Lichtquellen neu zu positionieren, bevor Sie an den Einstellungen herumfummeln.
2. **Weniger ist mehr:** Seien Sie beim Digitalzoom vorsichtig – übermäßiger Gebrauch führt zu unscharfen oder verpixelten Fotos.
3. **Nahe kommen:** Eine physische Annäherung an Ihr Motiv ist für die Bildqualität oft besser als das Zoomen.
4. **Kamera-Apps von Drittanbietern:** Für noch mehr Kontrolle erkunden Sie die erweiterten Aufnahmemodi, die in funktionsreicheren Kamera-Apps verfügbar sind.

Wichtiger Hinweis: Die Einzelheiten zur Steuerung dieser Funktionen variieren geringfügig zwischen Telefonmodellen und Apps. Haben Sie keine Angst, mit Ihrer Kamera zu experimentieren!

Kameraeinstellungen und -Optionen

DerDie Kamera-App des Motorola Edge 50 Pro bietet verschiedene Menüeinstellungen. Um darauf zuzugreifen, suchen Sie nach einem Zahnrad- oder Zahnradsymbol oder einem „**Einstellungen**"-Option in der App selbst.

Allgemeine Einstellungen, die Sie möglicherweise finden

- **Auflösung:** Passen Sie die Qualität und Dateigröße Ihrer Fotos und Videos an (z. B. 1080p vs. 4K für Videos).
- **Seitenverhältnis:** Wählen Sie die Form Ihrer Fotos (z. B. traditionell 4:3, Breitbild 16:9).
- **Gitterlinien:** Um die Komposition zu erleichtern, legen Sie ein Raster auf den Kamerabildschirm (Drittelregel usw.).
- **HDR (High Dynamic Range):** Erfassen Sie mehr Details in Szenen mit extremen Lichtern und Schatten.

- **Timer:** Stellen Sie einen Countdown-Timer ein, bevor der Auslöser auslöst, was bei Gruppenfotos nützlich ist.
- **Standort-Tagging:** Verwenden Sie Ihre Fotos, um GPS-Standortinformationen zu speichern.
- **Wasserzeichen:** Fügen Sie in der Ecke Ihrer Bilder ein Markenlogo oder ein Text-Tag hinzu.
- **Soundoptionen:** Schalten Sie den Auslöserton ein/aus oder wählen Sie einen anderen Auslöserton aus.

Dinge, die man beachten muss

- **Dateigrößen:** Höher aufgelöste Fotos und Videos beanspruchen mehr Speicherplatz.
- **Auswirkungen auf die Batterie:** Funktionen wie HDR und 4K-Aufnahme können Ihren Akku schneller entladen.
- **Kreative Optionen:** Gehen Sie in die Einstellungen und prüfen Sie, ob Sie Funktionen wie Szenenauswahl (Essen, Strand usw.), Filter oder Schönheitsmodi entdecken.

Versteckte Juwelen
- **Gesten:** Bei einigen Telefonen können Sie mithilfe von Gesten bestimmte Kameraaktionen auslösen (z. B. zweimal auf die Lautstärkewippe tippen, um ein Foto aufzunehmen).
- **Sprachbefehle:** Wenn dies unterstützt wird, können Sie möglicherweise Dinge wie „Käse" oder „Machen Sie ein Foto" sagen, um den Kameraverschluss zu aktivieren.

Wichtiger Hinweis: Die Einstellungen können zwischen Kamera-Apps und bestimmten Telefonmodellen variieren. Probieren Sie es aus und experimentieren Sie, um die Funktionen zu finden, die am besten zu Ihren Vorlieben beim Fotografieren passen!

Sonderfunktionen (Porträtmodus, Nachtmodus usw.)

Der Die Kamera-App geht über den grundlegenden Fotomodus hinaus und bietet Funktionen, die für bestimmte Szenarien entwickelt wurden. Hier ist eine Aufschlüsselung einiger, die Sie möglicherweise finden, zusammen mit Tipps zu deren Verwendung:

Porträtmode

- **Wie es funktioniert:** In diesem Modus werden Software und manchmal mehrere Objektive verwendet, um den Hintergrund unscharf zu machen und gleichzeitig das Motiv scharf zu halten. Die Idee besteht darin, das Aussehen von Fotos nachzuahmen, die mit professionellen Kameras aufgenommen wurden.
- **Tipps:**
  - **Gute Trennung:** Eine klare Unterscheidung zwischen Ihrem Motiv und dem Hintergrund funktioniert am besten.
  - **Beleuchtung:** Eine gute Beleuchtung hilft immer, auch im Porträtmodus.
  - **Unschärfe anpassen:** Bei einigen Telefonen können Sie die Intensität des Unschärfeeffekts vor oder sogar nach der Aufnahme steuern.

Nacht-Modus

- **Wie es funktioniert:** Besonderer Low-Light-Magie! Normalerweise werden in diesem Modus mehrere Bilder mit unterschiedlichen Belichtungen aufgenommen. Es kombiniert sie, um in dunklen Situationen ein helleres, weniger verrauschtes Foto zu erzeugen.

- **Tipps:**
  - **Bleiben Sie still:** Der Nachtmodus erfordert oft eine längere Belichtungszeit, daher ist eine ruhige Hand (oder ein Stativ) der Schlüssel zur Vermeidung von Unschärfe.
  - **Nicht nur für die Nacht:** Der Nachtmodus kann manchmal auch in schwach beleuchteten Innenräumen hilfreich sein.

Weitere Besonderheiten

- **Panorama:** Dadurch werden superweite Ausblicke erfasst, indem Sie durch die Aufnahme mehrerer Fotos und deren nahtloses Zusammenfügen geführt werden.
- **Makro:** Machen Sie supernahe Aufnahmen von Blumen, Texturen, Insekten usw. Suchen Sie nach einem speziellen Makromodus oder einem Makroobjektiv auf Ihrem Telefon.
- **Experten-Modus:** Auch wenn es sich dabei nicht um eine einzige Funktion handelt, ermöglicht dies für Enthusiasten in der Regel

die vollständige manuelle Kontrolle über Dinge wie ISO, Verschlusszeit, Weißabgleich und Dateiformate (wie RAW).

- **Herstellerspezifische Merkmale:** Das Motorola Edge 50 Pro verfügt möglicherweise über einzigartige Modi, die durch Software oder Kamerahardware unterstützt werden. Entdecken Sie, was es zu bieten hat!

Allgemeine Hinweise

1. **Aufmerksamkeit auf das Wesentliche:** Auch bei ausgefallenen Modi kommt es auf eine gute Komposition und eine ruhige Hand an.
2. **Experiment:** Spielen Sie herum, um zu sehen, was jeder Modus in verschiedenen Situationen bewirkt.
3. **Reinigen Sie Ihre Linse:** Ein verschmiertes Kameraobjektiv ist der Feind großartiger Fotos, egal in welchem Modus!

Aufnehmen von Videos

Videoqualität Auswählen

Wie bei Fotos müssen Sie beim Aufnehmen von Videos Qualitätseinstellungen auswählen, die sich darauf auswirken, wie gut Ihr Filmmaterial aussieht und wie viel Speicherplatz es verbraucht.

Suchen Sie nach diesen Einstellungen
- **Auflösung:** Wahrscheinlich werden Ihnen diese Optionen angezeigt (die Anpassung ändert die Größe und Schärfe Ihres Videos):
  - **4K:** Die höchste Qualität, die derzeit bei Smartphones üblich ist. Ultrascharf, aber große Dateigrößen.
  - **1080p (Full HD):** Immer noch tolle Qualität, besser handhabbar für den täglichen Gebrauch.
  - **720p (HD):** Niedrigere Auflösung, gut für soziale Medien oder wenn die

Speicherung ein großes Problem darstellt.
- **Bildrate:** Wird oft als FPS (Bilder pro Sekunde) ausgedrückt. Häufige Optionen:
    - **30fps:** Die Standardbildrate verleiht Bewegungen ein natürliches Aussehen.
    - **60 fps:** Sanftere Bewegung, ideal für Actionaufnahmen, aber größere Dateien.
    - **Zeitlupenmodi:** Sofern unterstützt, zeichnen diese mit viel höheren Bildraten (120, 240 fps) auf, um spezielle Zeitlupeneffekte zu erzielen.

Zu berücksichtigende Faktoren

- **Wo schaust du es dir an?:** 4K ist auf einem großen Bildschirm großartig, hat aber auf dem Display Ihres Telefons weniger Auswirkungen.
- **Lagerraum:** Höhere Auflösung + höhere Bildrate = größere Dateien, die Speicherplatz verschlingen.
- **Bearbeitung:** Eine Aufnahme in höherer Qualität bietet Ihnen mehr Flexibilität, wenn Sie vorhaben, Videos umfassend zu bearbeiten.

Tipps

1. **Beginnen Sie mit 1080p/30fps:** Dies bietet eine gute Balance für die meisten gelegentlichen Videoaufzeichnungsanforderungen.
2. **Gehen Sie für besondere Momente auf 4K:** Wenn Sie eine Erinnerung mit maximaler Detailgenauigkeit festhalten möchten, erhöhen Sie die Auflösung.
3. **Überprüfen Sie den verfügbaren Speicherplatz:** Stellen Sie sicher, dass Sie über ausreichend Speicherplatz verfügen, bevor Sie lange Videos aufnehmen, insbesondere in Modi mit hoher Qualität.

Wichtiger Hinweis: Die Einstellungen finden Sie normalerweise im Videomodus Ihrer Kamera-App (suchen Sie nach einem Zahnrad-/Zahnradsymbol oder einem „**Einstellungen**" Möglichkeit).

Stabilisierungsfunktionen

Handheld-Videos können leicht unter unerwünschten Stößen und Erschütterungen leiden. Ihr Motorola Edge 50 Pro nutzt wahrscheinlich verschiedene Techniken, um dem entgegenzuwirken:

Arten der Stabilisierung
- **OIS (Optische Bildstabilisierung):** Dabei werden winzige Hardwarekomponenten wie Gyroskope verwendet, um den Kamerasensor oder die Linsenelemente physisch zu bewegen, um Ihren Echtzeitbewegungen entgegenzuwirken.
- **EIS (Elektronische Bildstabilisierung):** Mithilfe einer Software wird Ihr Video analysiert und Jitter und Verwacklungen angepasst. Es kann sein, dass das Bild beschnitten wird.
- **Hybridstabilisierung:** Einige Telefone kombinieren sowohl OIS als auch EIS für eine noch bessere Stabilisierung.

So aktivieren Sie die Stabilisierung
- **Überprüfen Sie Ihre Einstellungen:** Sehen Sie sich die Videoeinstellungen Ihrer Kamera-App an. Möglicherweise gibt es einen Schalter für die Stabilisierung oder verschiedene Stabilisierungsmodi zur Auswahl.
- **Automatisch könnte die Standardeinstellung sein:** Viele Telefone wenden standardmäßig eine gewisse

Stabilisierung an, sodass Sie diese möglicherweise nicht explizit einschalten müssen.

Dinge, die Sie beachten sollten
- **Die Wirksamkeit variiert:** Die Stabilisierung wirkt Wunder, kann aber extrem verwackeltes Filmmaterial nicht reparieren. Eine ruhige Hand ist immer noch wertvoll.
- **OIS ist oft überlegen:** Wenn Ihr Edge 50 Pro über OIS verfügt, ist dies normalerweise die effektivere Art der Stabilisierung.
- **Kompromisse:** Einige aggressive Stabilisierungsmodi beschneiden oder verzerren die Ränder Ihres Videos leicht.

Tipps für flüssigere Videos
1. **Benutzen Sie beide Hände:** Halten Sie Ihr Telefon mit beiden Händen, um die Stabilität zu verbessern.
2. **Seien Sie das Stativ:** Wenn möglich, legen Sie Ihre Ellbogen an Ihren Körper oder suchen Sie sich eine stabile Unterlage, auf der Sie sich abstützen können.

3. **Sanfte Bewegung:** Gehen Sie beim Schwenken oder Bewegen der Kamera langsam und bewusst vor.
4. **Zubehör von Drittanbietern:** Durch die Verwendung eines Gimbals (eines motorisierten Stabilisators) werden noch flüssigere Ergebnisse erzielt, insbesondere bei Gehaufnahmen.

Zeitlupe und Zeitraffer

Verleihen Sie Ihren Videos etwas Kino-Flair! Ihr Edge 50 Pro verfügt möglicherweise über spezielle Modi für diese auffälligen Techniken.

Zeitlupe

- **Wie es funktioniert:** Die Kamera zeichnet mit einer sehr hohen Bildrate auf (z. B. 120 fps, 240 fps oder sogar schneller). Dieses Filmmaterial wird dann mit normaler Geschwindigkeit (30 Bilder pro Sekunde) abgespielt, was zu einer seidenweichen Zeitlupe führt.
- **Suchen Sie nach dem Zeitlupenmodus:** Ihre Kamera-App verfügt wahrscheinlich über einen speziellen Zeitlupenmodus, auf den Sie

zugreifen können, wenn Sie zwischen Standardvideo, Foto usw. wechseln.
- **Gut für:** Schnelle Action im Detail erfassen (Sport, Wassertropfen, platzende Luftballons usw.).

Zeitraffer

- **Wie es funktioniert:** Die Kamera nimmt in bestimmten Abständen Fotos auf (z. B. alle paar Sekunden eines). Diese werden dann zu einem Video zusammengefügt, das mit normaler Geschwindigkeit abgespielt wird, wodurch langsame Prozesse dramatisch beschleunigt erscheinen.
- **Zeitraffermodus finden:** Ähnlich wie bei Zeitlupe handelt es sich möglicherweise um einen speziellen Modus in Ihrer Kamera-App.
- **Gut für:** Sonnenuntergänge/Sonnenaufgänge, sich bewegende Wolken, blühende Blumen, geschäftige Stadtlandschaften.

Tipps für beides

1. **Auflösung und Bildrate:** Möglicherweise stehen Ihnen Optionen zum Anpassen der Qualität von Zeitlupen- oder

Zeitrafferaufnahmen zur Verfügung. Denken Sie daran: Höhere Qualität = größere Dateien.

2. **Beleuchtung:** Eine gute Beleuchtung ist wichtig, insbesondere bei Zeitlupenaufnahmen, bei denen die Kamera oft kürzere Verschlusszeiten verwenden muss.

3. **Stetigkeit ist der Schlüssel:** In diesen Modi werden verwackelte Aufnahmen verstärkt. Verwenden Sie ein Stativ oder suchen Sie sich eine stabile Oberfläche, um Ihr Telefon aufzustellen.

4. **Planen Sie Ihre Aufnahme:** Überlegen Sie, welchen Vorgang Sie festhalten möchten und welchen Winkel Sie am besten nutzen möchten, insbesondere für Zeitrafferaufnahmen.

Wichtiger Hinweis: Nicht alle Telefone verfügen über spezielle Zeitlupen- oder Zeitraffermodi. Es gibt jedoch fantastische Apps von Drittanbietern, die diese Funktionen hinzufügen und noch mehr Kontrolle bieten können!

Bearbeiten von Fotos und Videos

Integrierte Bearbeitungstools

DerDie Galerie-App des Edge 50 Pro dient gleichzeitig als einfacher Foto- und Videoeditor. Um darauf zuzugreifen, befolgen Sie diese allgemeinen Schritte:

- **Öffnen Sie Ihre Galerie-App:** Wo Ihre Bilder und Videos gespeichert sind.
- **Wählen Sie ein Foto oder Video aus:** Tippen Sie auf das Bild oder Video, das Sie bearbeiten möchten.
- **Suchen Sie nach der Schaltfläche „Bearbeiten":** Wird oft durch ein Bleistiftsymbol oder ein **„Bearbeiten"** Möglichkeit.

Gängige integrierte Foto Bearbeitungswerkzeuge

- **Zuschneiden und drehen:** Ändern Sie den Bildausschnitt oder begradigen Sie einen schiefen Horizont.
- **Anpassungen:** Passen Sie Helligkeit, Kontrast, Belichtung, Schatten usw. an.
- **Filter:** Wenden Sie mit vorgefertigten Filtern (Schwarzweiß, Vintage usw.) schnell stilisierte Looks an.
- **Text und Zeichnung:** Fügen Sie Ihren Fotos Anmerkungen und Kritzeleien hinzu.
- **Fleckentferner:** Einige Telefone bieten Tools zum Glätten der Haut oder zum Entfernen von Ablenkungen in einem Bild.

Gängige integrierte Videobearbeitungstools

- **Trimmen:** Schneiden Sie unerwünschte Abschnitte am Anfang oder Ende Ihres Videos ab.
- **Spleißen:** Fügen Sie mehrere Videoclips zusammen, um ein längeres Video zu erstellen.
- **Musik:** Fügen Sie eine Hintergrund-Audiospur oder Soundeffekte hinzu.

- **Grundlegende Anpassungen:** Mit einigen Apps können Sie die Farben und Helligkeit von Videos anpassen.
- **Geschwindigkeit:** Erstellen Sie Zeitlupen- oder Zeitraffereffekte.

Tipps
1. **Zerstörungsfreie Bearbeitung:** Gute Galerie-Apps speichern Ihre Änderungen normalerweise über der Originaldatei, sodass Sie bei Bedarf jederzeit zum Original zurückkehren können.
2. **Experiment:** Spielen Sie mit verschiedenen Werkzeugen herum, um deren Auswirkungen zu sehen.
3. **Beginnen Sie mit grundlegenden Anpassungen:** Helligkeit, Kontrast und ein wenig Zuschneiden können ein Foto deutlich verbessern.

Einschränkungen der integrierten Tools
Der integrierte Editor ist möglicherweise eingeschränkt, insbesondere für erweiterte Bearbeitungen. Es eignet sich hervorragend für schnelle, einfache Änderungen, es fehlen jedoch

Tools, die in leistungsstarken Apps von Drittanbietern zu finden sind, wie zum Beispiel:

- **Erweiterte Farbkorrektur**
- **Ebenenbasierte Bearbeitung**
- **Fein abgestimmte selektive Bearbeitungen**
- **Spezialeffekte**

Bildbearbeitungsprogramme von Drittanbietern

Wenn der integrierte Editor nicht ausreicht, gibt es im Google Play Store jede Menge fantastische Fotobearbeitungs-Apps. Hier sind einige beliebte Optionen:

- **Snapseed (kostenlos, von Google):** Ein leistungsstarker Allrounder für Gelegenheits- und Fortgeschrittenenbenutzer. Bietet eine breite Palette an Werkzeugen, von grundlegenden Anpassungen bis hin zu selektiven Bearbeitungs- und Reparaturpinseln.

- **Adobe Lightroom Express (kostenlose Basisversion, kostenpflichtiges Abonnement):** Teil der Adobe Creative Cloud. Ideal für beeindruckende Ein-Klick-Filter, schnelle Bearbeitungen und einfache Hintergrundentfernung.

- **Adobe Photoshop Express (kostenlose Basisversion, kostenpflichtiges Abonnement):** Der mobile Begleiter des Desktop-Riesen. Bietet erweiterte Bearbeitungswerkzeuge, großartige Collagenerstellung und eine größere Auswahl an Effekten.

- **Picsart (Kostenlose Basisversion, kostenpflichtiges Abonnement):** Ein beliebter und unterhaltsamer Editor, der sich auf kreative Bearbeitungen, Aufkleber, Collagen, Texteffekte und trendige Filter konzentriert.

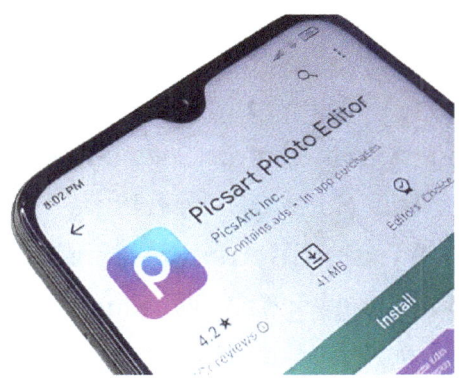

- **VSCO (Kostenlose Basisversion, kostenpflichtiges Abonnement):** Bekannt für seine hochwertigen Filter, die klassisches Filmmaterial nachahmen und eine unverwechselbare Ästhetik bieten. Es bietet auch eine Reihe von Bearbeitungswerkzeugen.

Dinge, die man beachten muss
- **Kosten:** Für viele Apps gibt es eine kostenlose Version mit Grundfunktionen und ein abonnementbasiertes Modell, um die gesamte Tool-Suite freizuschalten.
- **Benutzerfreundlichkeit:** Einige Apps sind für Anfänger geeignet, während andere eine steilere Lernkurve aufweisen.
- **Fokus:** Wählen Sie eine App, die Ihren Anforderungen entspricht. Picsart eignet sich hervorragend für kreative soziale Bearbeitungen, während Snapseed sich durch tiefgreifendere Anpassungen auszeichnet.

Tipps

1. **Probieren Sie ein paar aus:** Experimentieren Sie mit verschiedenen Apps, um eine zu finden, die zu Ihrem Stil passt.
2. **Nutzen Sie Online-Tutorials:** Viele Ressourcen auf YouTube und Blogs zeigen, wie man diese Editoren nutzt.
3. **Beginnen Sie mit kleinen Änderungen:** Überbearbeiten Sie Ihre Fotos nicht. Subtile Anpassungen können oft viel bewirken.

W-lan

Verbindung zu Netzwerken Herstellen

WLAN kann wertvolle mobile Daten einsparen und bietet oft eine schnellere und stabilere Verbindung. So finden Sie WLAN-Netzwerke und stellen eine Verbindung zu ihnen her:

1. **Aktivieren Sie WLAN**
   - **Schnelleinstellungen:** Wischen Sie zweimal vom oberen Bildschirmrand nach unten, um auf Ihre Schnelleinstellungen zuzugreifen. Tippen Sie auf das WLAN-Symbol (es sieht normalerweise wie ein stilisierter Ventilator aus), um es einzuschalten.
   - **Einstellungen-App:** Gehen Sie zu Einstellungen -> Netzwerk und Internet (oder Verbindungen) -> WLAN. Schalten Sie den WLAN-Schalter ein.

2. **Verfügbare Netzwerke finden**
- **Scan:** Ihr Telefon sollte automatisch mit der Suche nach WLAN-Netzwerken in der Nähe beginnen. Sie sehen eine Liste der verfügbaren Netzwerke.
- **Netzwerk Name (SSID):** Jedes Netzwerk hat einen Namen, um es zu identifizieren.

3. **Herstellen einer Verbindung zu einem Netzwerk**
- **Tippen Sie auf ein Netzwerk:** Wählen Sie das Netzwerk aus, dem Sie beitreten möchten.
- **Gesicherte Netzwerke:** Die meisten Netzwerke haben ein Passwort. Sie werden aufgefordert, es einzugeben. Fragen Sie den Besitzer, wenn Sie das Passwort benötigen (z. B. in einem Café).
- **Offene Netzwerke:** Einige Wi-Fi-Netzwerke an öffentlichen Orten sind möglicherweise geöffnet und erfordern kein Passwort.

4. **Erfolgreiche Verbindung**
- **WLAN-Symbol:** Ein ausgefülltes WLAN-Symbol oben auf Ihrem Bildschirm zeigt eine erfolgreiche Verbindung an.

Wichtige Punkte

1. **Erinnern an Netzwerke:** Normalerweise merkt sich Ihr Telefon gesicherte Netzwerke und stellt die Verbindung automatisch wieder her, wenn Sie sich in Reichweite befinden.
2. **Öffentliches WLAN:** Seien Sie vorsichtig, wenn Sie sensible Aktivitäten wie Bankgeschäfte in öffentlichen WLAN-Netzwerken durchführen. Nutzen Sie für solche Aufgaben nach Möglichkeit eine sichere Verbindung oder mobile Daten.

Fehlerbehebung

- **Flugzeug-Modus:** Stellen Sie sicher, dass der Flugmodus ausgeschaltet ist, da dieser normalerweise WLAN deaktiviert.
- **Außer Reichweite:** Gehen Sie näher an den WLAN-Router heran, wenn das Signal schwach ist.
- **Falsches Passwort:** Überprüfen Sie noch einmal, ob Sie das Passwort richtig eingegeben haben.

WLAN-Einstellungen Verwalten

Um auf Ihre WLAN-Einstellungen zuzugreifen, gehen Sie zu **Einstellungen -> Netzwerk und Internet (oder Verbindungen) -> WLAN**.

Schauen wir uns die wichtigen Einstellungen an, die Sie wahrscheinlich finden werden:

Aktuelle Verbindung

- **Netzwerkname:** Zeigt an, mit welchem WLAN-Netzwerk Sie derzeit verbunden sind.
- **Signalstärke:** Dargestellt durch Balken oder ein gebogenes Signalsymbol.

Verfügbare Netzwerke

- **Liste der Netzwerke:** Zeigt alle WLAN-Netzwerke in der Nähe und deren Signalstärke an.
- **Netzwerk „Vergessen":** Wählen Sie ein Netzwerk aus und tippen Sie auf „Vergessen", damit das Telefon keine automatische Verbindung mehr herstellt.
- **Erweiterte Einstellungen innerhalb jedes Netzwerks:** Tippen Sie auf ein Netzwerk, um Optionen zum manuellen Herstellen einer Verbindung anzuzeigen, die

für diese Verbindung spezifischen Einstellungen zu verwalten und weitere Informationen anzuzeigen.

Zusätzliche Einstellungen
- **Netzwerk hinzufügen:** Fügen Sie manuell ein Wi-Fi-Netzwerk hinzu, indem Sie dessen Namen (SSID) und Sicherheitsinformationen eingeben. Nützlich für versteckte Netzwerke.
- **WLAN-Einstellungen:** Greifen Sie auf erweiterte Optionen zu, darunter:
- **WLAN automatisch einschalten:** Ihr Telefon kann WLAN in der Nähe gespeicherter, hochwertiger Netzwerke wieder aktivieren.
- **Netzwerk Benachrichtigungen:** Erhalten Sie Benachrichtigungen, wenn offene Netzwerke verfügbar sind.
- **MAC-Adresse und Gerätedetails:** Technische Informationen zur WLAN-Hardware Ihres Telefons.

Smart Wi-Fi-Funktionen (gerätespezifisch)
Einige Motorola-Telefone bieten möglicherweise zusätzliche Funktionen:

- **Wi-Fi+ (oder Smart Network Switch):** Wechseln Sie automatisch zwischen WLAN und mobilen Daten, um die beste Verbindung aufrechtzuerhalten.
- **WLAN-Optimierung:** Funktionen zum Energiesparen bei der Nutzung von WLAN.

Tipps
- **Priorisieren Sie vertrauenswürdige Netzwerke:** Vermeiden Sie nach Möglichkeit offene öffentliche Wi-Fi-Netzwerke, um die Sicherheit zu erhöhen.
- **Gespeicherte Netzwerke verwalten:** Vergessen Sie regelmäßig alte oder ungenutzte Netzwerke, um Ihre Liste aufzuräumen.
- **Auf Updates prüfen:** Telefonhersteller veröffentlichen manchmal Firmware-Updates, die die WLAN-Leistung verbessern.

WLAN-Hotspots

Sie müssen Ihren Laptop oder ein anderes Gerät unterwegs online stellen? Ihr Edge 50 Pro kann zu einem persönlichen WLAN-Hotspot werden und Ihre Mobilfunkdatenverbindung teilen.

Einen Hotspot einrichten

- **Finden Sie Ihre Hotspot-Einstellungen:** Normalerweise suchen Sie in Ihrer App „**Einstellungen**" nach „**Anbindung**" oder "**Hotspot und Tethering**". Manchmal handelt es sich um eine Option der obersten Ebene unter "**Netzwerk & Internet**."
- **Mobiler Hotspot:** Wählen Sie diese Option und tippen Sie darauf, um die Einstellungen zu konfigurieren.
- **Hotspot Name:** Wählen Sie einen Namen für Ihren Hotspot, damit andere Geräte ihn identifizieren können.
- **Passwort:** Legen Sie ein sicheres Passwort fest, um unbefugten Zugriff zu verhindern.
- **Mach es an:** Schalten Sie den Hotspot-Schalter um, um ihn zu aktivieren.

Anschließen anderer Geräte

- **Suche nach WLAN:** Suchen Sie auf Ihrem Laptop oder anderen Geräten nach verfügbaren WLAN-Netzwerken, genau wie in einem Café.

- **Finden Sie Ihren Hotspot:** Wählen Sie den von Ihnen erstellten Netzwerknamen aus.
- **Geben Sie das Passwort ein:** Verwenden Sie das Passwort, das Sie für Ihren Hotspot festgelegt haben.

Wichtige Dinge, an die Sie sich erinnern sollten

- **Datenverbrauch:** Hotspot-Tethering nutzt Ihr mobiles Datenkontingent! Überwachen Sie Ihren Plan, um überraschende Überschreitungen zu vermeiden.
- **Batterieverbrauch:** Die Nutzung Ihres Telefons als Hotspot verbraucht mehr Akku als normal. Lassen Sie es nach Möglichkeit angeschlossen oder schränken Sie die Nutzung ein.
- **Einschränkungen des Mobilfunkanbieters:** Bei einigen Mobilfunktarifen ist die Hotspot-Nutzung möglicherweise eingeschränkt oder es fallen zusätzliche Gebühren an. Überprüfen Sie Ihren Vertrag oder wenden Sie sich an Ihren Mobilfunkanbieter.

Tipps

1. **Anpassungen der Einstellungen:** Sie können die Anzahl der Geräte begrenzen, die sich mit Ihrem Hotspot verbinden, und andere Sicherheitsoptionen optimieren.
2. **Alternative Methoden:** In bestimmten Fällen unterstützen einige Telefone USB-Tethering (Teilen des Internets über eine kabelgebundene USB-Verbindung) oder Bluetooth-Tethering für einen geringeren Datenverbrauch.

Bluetooth

Bluetooth ermöglicht Ihrem Telefon die drahtlose Kommunikation mit einer Vielzahl von Zubehörteilen wie Kopfhörern, Lautsprechern, Smartwatches und mehr.

Kombination mit Zubehör

Schritt 1: Aktivieren Sie Bluetooth auf Ihrem Telefon

- **Schnelleinstellungen:** Wischen Sie zweimal nach unten und tippen Sie auf das Bluetooth-Symbol (stilisiertes „B"), um es einzuschalten.
- **Einstellungen-App:** Gehe zu **Einstellungen -> Verbundene Geräte (oder Bluetooth)**. Schalten Sie Bluetooth ein.

Schritt 2: Versetzen Sie das Zubehör in den Pairing-Modus

- **Lesen Sie das Handbuch:** Die Methode zum Starten des Kopplungsmodus variiert je nach Gerät. Einzelheiten finden Sie in der Bedienungsanleitung Ihres Zubehörs.
- **Gemeinsame Aktionen:** Oftmals muss dazu eine Taste gedrückt gehalten werden, oder es gibt einen speziellen Kopplungsmodus, der durch blinkende Lichter angezeigt wird.

Schritt 3: Nach Geräten suchen

- **Scan:** Ihr Telefon sollte automatisch mit der Suche nach Bluetooth-Geräten in der Nähe beginnen. Auf dem Bildschirm wird eine Liste angezeigt.
- **Finden Sie das Zubehör:** Suchen Sie in der Liste der verfügbaren Geräte nach dem Namen Ihres Zubehörs.

Schritt 4: Kopplung einleiten

- **Tippen Sie, um eine Verbindung herzustellen:** Tippen Sie in der Liste auf den Namen Ihres Zubehörs.

- **Kopplung bestätigen:** Ihr Telefon und das Zubehör zeigen möglicherweise einen Code zur Bestätigung der Kopplung an. Stellen Sie sicher, dass sie übereinstimmen, und klicken Sie dann auf „**Paar**" oder "**OK**."

Erfolgreiches Pairing

- **Verbundener Status:** Die Bluetooth-Einstellungen Ihres Telefons sollten eine erfolgreiche Verbindung anzeigen.
- **Zubehör bereit:** Ihr Zubehör verfügt möglicherweise über eine Statusanzeige, die sich ändert oder eine akustische Rückmeldung gibt.

Fehlerbehebung

- **Außer Reichweite:** Stellen Sie sicher, dass sich Ihr Telefon und das Zubehör in der Nähe befinden.
- **Bluetooth wieder aktivieren:** Versuchen Sie, Bluetooth auf Ihrem Telefon aus- und wieder einzuschalten.
- **Starten Sie beide Geräte neu:** Manchmal behebt ein einfacher Aus- und Wiedereinschalten Probleme.

Tipps
1. **Batterie:** Das Koppeln mit Bluetooth-Zubehör wirkt sich auf die Akkulaufzeit Ihres Telefons aus. Trennen Sie sie, wenn Sie sie nicht verwenden.
2. **Sicherheit:**Achten Sie auf Kopplungsanfragen in der Öffentlichkeit, um eine Verbindung mit unbekannten Geräten zu vermeiden.

Dateien Übertragen

Wichtige Überlegungen
- **Einschränkungen:** Die Bluetooth-Dateiübertragung eignet sich am besten für kleinere Dateien (Fotos, Dokumente usw.). Die Übertragung großer Dateien ist langsam und kann unzuverlässig sein.
- **Kompatibilität:** Stellen Sie sicher, dass beide Geräte, zwischen denen Sie Dateien übertragen möchten, die Bluetooth-Dateifreigabe unterstützen.
- **Alternativen:** Für große Dateien oder schnellere Übertragungen sollten Sie Optionen wie Cloud-Speicher (Google Drive

usw.), Filesharing-Apps oder direkte Kabelverbindungen in Betracht ziehen.

Dateiübertragung Prozess

1. **Paarung:** Wenn die beiden Geräte noch nicht gekoppelt wurden, befolgen Sie die Schritte im Abschnitt „**Kombination mit Zubehör**" Abschnitt zuerst.
2. **Starten Sie die Übertragung**
- **Von Ihrem Motorola Edge 50 Pro:**
  - **Dateimanager:** Navigieren Sie zu der Datei, die Sie senden möchten. Suche nach einem "**Aktie„** Option und wählen "**Bluetooth**."
  - **Galerie-App:** Wählen Sie ein Foto aus, tippen Sie auf das Teilen-Symbol und wählen Sie „**Bluetooth**."
- **Vom anderen Gerät:** Stellen Sie sicher, dass es über die Bluetooth-Einstellungen erkennbar ist.
3. **Wählen Sie das Gerät aus:** Ihr Edge 50 Pro, der nach verfügbaren Geräten sucht. Wählen Sie das Zielgerät aus der Liste aus.
4. **Akzeptieren Sie die Übertragung:** Das empfangende Gerät fordert Sie auf, die

eingehende Dateiübertragung zu bestätigen. Klopfen "**Akzeptieren**."

5. **Speicherort:** Die übertragene Datei wird normalerweise unter „**Downloads**" Ordner oder einen von Ihnen gewählten Speicherort auf dem Empfangsgerät.

Fehlerbehebung

- **Sichtweite:** Stellen Sie sicher, dass beide Geräte auf „**auffindbar**" in ihren Bluetooth-Einstellungen.
- **Unterbrechungen:** Halten Sie während der Übertragung die Nähe zwischen den Geräten aufrecht.
- **Neupaarung:** Versuchen "**vergessen**" das Gerät und eine erneute Kopplung, wenn die Übertragung wiederholt fehlschlägt.

Tipps

1. **Datentypen:** Achten Sie darauf, welche Dateitypen das empfangende Gerät unterstützt. Möglicherweise kann nicht alles geöffnet werden.
2. **Stapelversand:** Bei einigen Telefonen können Sie mehrere Dateien gleichzeitig zur Übertragung auswählen.

Bluetooth-Audiogeräte

Steigern Sie Ihr Hörerlebnis mit dem Komfort von Bluetooth-Kopfhörern, Ohrhörern und Lautsprechern.

Paarung: Die Stiftung

Wenn Sie Ihr Bluetooth-Audiogerät noch nicht mit Ihrem Motorola Edge 50 Pro gekoppelt haben, befolgen Sie diese allgemeinen Schritte:

- **Versetzen Sie Ihr Audiogerät in den Kopplungsmodus:** Weitere Informationen finden Sie im Handbuch des Geräts. Dazu gehört oft das Halten einer Power- oder Pairing-Taste.
- **Aktivieren Sie Bluetooth auf Ihrem Telefon:** Gehe zu **Einstellungen -> Verbundene Geräte (oder Bluetooth)** und schalten Sie Bluetooth ein.
1. Suchen Sie nach Geräten und tippen Sie auf den Namen Ihres Audiogeräts, um die Verbindung herzustellen. Sie sollten die Kopplung mit einem Code bestätigen.

Täglicher Gebrauch

Nach dem Koppeln ist hier der gute Teil:

- **Automatische Verbindung:** Viele Bluetooth-Audiogeräte stellen eine nahtlose Verbindung zu Ihrem Telefon her, wenn sie eingeschaltet und in Reichweite sind.
- **Mediensteuerung:** Verwenden Sie die integrierten Tasten Ihres Kopfhörers/Lautsprechers zum Abspielen/Pause, zum Überspringen von Titeln, häufig zur Lautstärkeregelung und zum Beantworten von Anrufen (sofern unterstützt).
- **Lautstärkeregelung:** Passen Sie die Lautstärke über das Audiogerät (sofern es über Bedienelemente verfügt) und die Lautstärketasten Ihres Telefons an.
- **Überprüfen Sie die Batterie:** Einige Bluetooth-Audiogeräte zeigen ihren Akkustatus in den Bluetooth-Einstellungen auf Ihrem Telefon an.

Tipps

1. **Mehrere Geräte:** Ihr Edge 50 Pro kann sich normalerweise mehrere gekoppelte Geräte

merken und automatisch intelligent zwischen ihnen wechseln (z. B. indem er Kopfhörern Vorrang einräumt, wenn sie eingeschaltet sind).
2. **Reichweite:** Halten Sie das Telefon und das Audiogerät für eine zuverlässige Verbindung innerhalb der Bluetooth-Reichweite (cft etwa 10 Meter/30 Fuß). Wände und Hindernisse können dies beeinträchtigen.
3. **Codecs sind wichtig:** Um die beste Audioqualität zu erzielen, suchen Sie nach Kopfhörern oder Lautsprechern, die hochwertige Audio-Codecs wie aptX oder LDAC unterstützen (Ihr Telefon muss diese ebenfalls unterstützen).

Erweiterte Funktionen

- **Anruffunktionen:** Beantworten, abweisen oder beenden Sie Anrufe mit Ihrem Bluetooth-Headset, das sich hervorragend zum Freisprechen eignet.
- **Sprachassistenten:** Einige Headsets verfügen über Tasten zum Aktivieren des Sprachassistenten Ihres Telefons (Google Assistant, Siri usw.).

- **Begleit-Apps:** Einige Audiogeräte verfügen über spezielle Apps zum Anpassen von EQ-Einstellungen, Firmware-Updates und anderen Anpassungen.

Mobile Daten

Datennutzung Verstehen

Mobile Datennutzung auf dem Motorola Edge 50 Pro

Die folgende Tabelle zeigt eine allgemeine Schätzung der Datennutzung für verschiedene Aktivitäten. Denken Sie daran, dass es sich hierbei um Durchschnittswerte handelt, die je nach Ihren spezifischen Gewohnheiten variieren können.

Besonderheit	Typischer Nutzungsbereich	Beschreibung
Tägliche Nutzung (Durchschnitt)	2 GB – 5 GB	Dies ist eine allgemeine Schätzung und kann je nach individuellen Gewohnheiten variieren. Dabei werden Surfen, soziale Medien, gelegentliches Streaming und leichtes Spielen berücksichtigt.
Musik streamen	0,5 MB – 1 MB pro Minute	Die Streaming-Qualität (Standard vs. High Definition) und die

Motorola Edge 50 Pro

Streaming-Video (Standardauflösung)	3 MB – 7 MB pro Minute	Länge der Hörsitzungen wirken sich erheblich auf die Nutzung aus. High-Definition-Streaming verbraucht deutlich mehr Daten (bis zu 15 MB pro Minute).
Video-Streaming (High Definition)	7 MB – 15 MB pro Minute	Erwägen Sie die Verwendung von WLAN für längere HD-Streaming-Sitzungen, um Datenüberschüsse zu vermeiden.
Durchsuchen sozialer Medien	1 MB – 5 MB pro Stunde	Beim Scrollen durch Feeds, Fotos und Videos werden Daten verbraucht. Beim Hochladen von Inhalten werden mehr Daten verbraucht als beim Ansehen.
Surfen im Internet	1 MB - 5 MB pro Minute	Die Datennutzung hängt von der Komplexität der Webseiten ab (text- oder bildlastig).
Online Spielen	50 MB – 100 MB+ pro Stunde	Online-Spiele können erhebliche Datenmengen verbrauchen, insbesondere Echtzeit-Multiplayer-Spiele.
Herunterladen von Apps und Spielen	Variiert	Die Dateigröße kann zwischen einigen MB und mehreren GB liegen. Erwägen Sie die Verwendung von WLAN für große Downloads.

Zusätzliche Bemerkungen

- Die Hintergrundaktualisierung der App kann im Hintergrund eine kleine Datenmenge verbrauchen. Erwägen Sie, die Funktion für Apps zu deaktivieren, die Sie nicht aktiv nutzen.
- Die Nutzung mobiler Daten für Navigations-Apps kann je nach Reisedauer und Echtzeitaktualisierungen von Bedeutung sein.
- Das Herunterladen von Software-Updates (Betriebssystem-Updates, App-Updates) verbraucht Daten. Es wird empfohlen, für diese Updates nach Möglichkeit WLAN zu verwenden.

Indem Sie verstehen, wie sich verschiedene Aktivitäten auf Ihre Datennutzung auswirken, können Sie fundierte Entscheidungen darüber treffen, wie Sie in Verbindung bleiben und gleichzeitig Ihren Datenplan effektiv verwalten.

Mobile Daten Aktivieren/Deaktivieren

Warum mobile Daten verwalten?

- **Bleiben Sie im Rahmen Ihres Plans:** Wenn Sie über einen begrenzten Datentarif verfügen, verhindert die Deaktivierung mobiler Daten eine unbeabsichtigte übermäßige Nutzung.
- **Batterie sparen:** Mobile Daten können die Akkulaufzeit verkürzen. Durch Ausschalten wird die Nutzung verlängert, wenn Sie nicht aufladen können.
- **Auf WLAN angewiesen:** Stellen Sie nach Möglichkeit eine WLAN-Verbindung her, um mobile Daten zu sparen.

Methoden zum Aktivieren/Deaktivieren

1. Schnelleinstellungen

- **Zweimal nach unten wischen:** Greifen Sie auf Ihr Schnelleinstellungsfeld zu.
- **Symbol für mobile Daten:** Tippen Sie auf das Symbol (sieht oft aus wie zwei vertikale Pfeile oder ein Mobilfunksignalsymbol), um mobile Daten ein-/auszuschalten.

2. Einstellungen-App

- **Einstellungen -> Netzwerk & Internet (oder Verbindungen)**.
- **Mobile Daten/Mobilfunkdaten:** Tippen Sie zum Ein-/Ausschalten auf den Kippschalter.

Wichtige Überlegungen

- **Deaktivieren von Impacts-Apps:** Wenn die mobilen Daten deaktiviert sind, können Apps Folgendes nicht tun:
    - E-Mails senden/empfangen
    - Aktualisieren Sie Social-Media-Feeds
    - Streamen Sie Musik oder Videos
    - Automatisch aktualisieren (außer bei WLAN)
- **GPS könnte betroffen sein:** Einige Navigations-Apps erfordern mobile Daten, auch für Offline-Karten.

Tipps

1. **WLAN nutzen:** Wann immer Sie auf WLAN zugreifen können, ist es immer besser, es über mobile Daten zu nutzen.
2. **Monitornutzung:** Die meisten Telefone verfügen über integrierte

Datennutzungs-Tracker, mit denen Sie sehen können, welche Apps die meisten Daten verbrauchen.

Überwachung von Datenplänen

DerDas Motorola Edge 50 Pro verfügt über integrierte Tools, mit denen Sie Ihre mobile Datennutzung verfolgen und Überraschungen auf Ihrer Rechnung vermeiden können.

Statistiken zur Datennutzung finden

- **Einstellungen:** Gehe zu **Einstellungen -> Netzwerk & Internet (oder Verbindungen).**
- **Datennutzung (mobile Daten):** Suchen Sie nach einer Option wie „**Daten Verwendung**," "**Mobilfunk Datenverbrauch**," oder "**Handy, Mobiltelefon Datenverbrauch**."
- **Nutzungsübersicht:** Dieser Bildschirm bietet normalerweise eine Aufschlüsselung der folgenden Punkte:
    - **Im aktuellen Abrechnungszeitraum insgesamt verwendete Daten:** Hier wird angezeigt, wie viel Datenvolumen Sie

im Vergleich zu Ihrem monatlichen Kontingent verbraucht haben.
- ○ **Datenverbrauch pro App:** Listet Ihre Apps auf und wie viele Daten sie jeweils im ausgewählten Zeitraum verbraucht haben.
- ○ **Datennutzung im Zeitverlauf:** Einige Telefone bieten eine Grafik Ihrer täglichen Nutzung.

Zusätzliche Tools und Tipps
- **Datenwarnung festlegen:** Legen Sie einen Warnschwellenwert fest (z. B. bei 80 % des Limits Ihres Plans), um eine Benachrichtigung zu erhalten, wenn Sie sich Ihrer Obergrenze nähern.
- **Datenlimit:** Legen Sie ein festes Limit fest, bei dem mobile Daten bei Erreichen automatisch deaktiviert werden, um Überschreitungen zu vermeiden.
- **Daten des Abrechnungszeitraums:** Um die Nutzung am Ende des Monats zu überwachen, ist es wichtig, das Datum des Zurücksetzens Ihres Abrechnungszeitraums zu kennen.

- **Mobilfunkanbieter-App oder Website:** Viele Netzbetreiber verfügen über spezielle Apps oder Website-Bereiche mit detaillierten Datennutzungsstatistiken und Kontoverwaltungstools.

Überwachung Genauigkeit

- **Geringe Verspätung:** Die auf Ihrem Telefon angezeigte Datennutzung verzögert sich möglicherweise geringfügig von der Echtzeitverfolgung Ihres Mobilfunkanbieters.
- **Nutzen Sie die Daten des Mobilfunkanbieters als Quelle der Wahrheit:** Wenn Unstimmigkeiten bestehen, betrachten Sie die Datennutzungsstatistiken Ihres Mobilfunkanbieters als letztes Wort, um unerwartete Kosten zu vermeiden.

Musik & Audio

Eingebauter Musikplayer

Während die genauen App-Namen variieren, verfügen die meisten Motorola-Telefone über eine vorinstallierte Musik-Player-App. Suchen Sie nach etwas mit dem Namen:

- Musik
- Spiel Musik
- Oder die Marke Ihres Musikdienstes, falls im Paket enthalten (z. B. YouTube Music, Spotify, falls vorinstalliert)

Gemeinsame Funktionen integrierter Musikplayer

1. Ihre Musikbibliothek:
- Die App sollte automatisch nach Musikdateien suchen, die lokal auf Ihrem Telefon oder Ihrer SD-Karte gespeichert sind.

- Unterstützte Dateiformate: Normalerweise MP3, AAC, manchmal FLAC und andere Audioformate.

2. Organisation und Durchsuchen:
- **Songs, Alben, Künstler, Playlists:** Die meisten Player organisieren Ihre Musik zur einfachen Navigation in diese Kategorien.
- **Suchen:** Finden Sie schnell bestimmte Songs und Künstler.

3. Wiedergabesteuerung:
- Wiedergabe/Pause, Titel überspringen, Zufallswiedergabe, Wiederholung.
- Lautstärkeregelung

4. Basis-Equalizer (EQ): Einige Player bieten einfache EQ-Voreinstellungen (Rock, Pop, Jazz usw.) zur Anpassung des Klangs.

5. Zusätzliche Funktionen (variiert je nach App):
- Anzeige der Liedtexte
- Sleep-Timer (schaltet die Musik nach einer festgelegten Zeit aus)
- Anpassung des Aussehens der Bibliothek und Sortierung Ihrer Musik

Tipps

1. Wo man Musik findet:
- **Übertragung vom Computer:** Schließen Sie Ihr Telefon mit einem USB-Kabel an und kopieren Sie MP3s und andere unterstützte Dateien.
- **Kauf bei Dienstleistungen:** Einige Musik-Apps lassen sich zum Kauf von Titeln in Dienste wie Google Play Music integrieren (möglicherweise nicht vorinstalliert).
- **Herunterladen:** Laden Sie Musik mit Genehmigung direkt auf Ihr Telefon herunter.

2. Cloud-Integration: Einige Apps sind mit Cloud-Speicherdiensten wie Google Drive oder Dropbox verknüpft, um online auf Ihre Musiksammlung zuzugreifen.

Was ist, wenn ich einen anderen Musikplayer möchte?

Der Google Play Store ist vollgepackt mit fantastischen Alternativen! Zu den beliebten Optionen gehören:

- **Spotify, YouTube Music, Apple Music:** Streaming-Dienste (normalerweise

Abonnementgebühr erforderlich), die umfangreiche Musikbibliotheken anbieten
- **Endstufe, jetAudio:** Funktionsreiche Musikplayer mit erweiterten EQs und Anpassungsmöglichkeiten.

Streaming-Musikdienste (Spotify usw.)

Streaming-Dienste bieten Ihnen eine nahezu unbegrenzte Musikbibliothek an. So funktionieren sie und einige beliebte Optionen auf Ihrem Motorola Edge 50 Pro:

Das Konzept
- **Abonnementbasiert:** Die meisten Dienste laufen auf einem Abonnementmodell. Sie zahlen eine monatliche Gebühr für unbegrenzten Zugriff und Streaming.
- **Internetverbindung erforderlich:** Sie benötigen eine aktive mobile Daten- oder WLAN-Verbindung, um Musik nahtlos streamen zu können.
- **Offline-Downloads:** Bei vielen Diensten können Sie Songs und Playlists herunterladen, um sie offline anzuhören, wenn Sie keinen Internetzugang haben.

Beliebte Streaming-Dienste

- **Spotify:** Der Gigant auf dem Gebiet, mit einer riesigen Musikbibliothek, hervorragend kuratierten Playlists und einem sozialen Aspekt.
- **Youtube Musik:** Kombiniert den Musikkatalog von YouTube mit benutzergenerierten Inhalten und Musikvideos. Lässt sich gut mit YouTube integrieren.
- **Apple-Musik:** Apple Music ist eine großartige Wahl für eine umfassende Integration mit Apple-Geräten und iTunes. Es bietet hochauflösende, verlustfreie Musikqualität.
- **Amazon Music Unlimited:** Teil des Amazon Prime-Abonnementpakets, mit einem umfangreichen Katalog und einem guten Preis-Leistungs-Verhältnis, wenn Sie Prime-Mitglied sind.
- **Gezeiten:** Konzentriert sich auf High-Fidelity-Audioqualität und spricht Audiophile an, wenn sie bereit sind, mehr zu zahlen.

Wählen Sie Ihren Service

- **Kostenlos vs. kostenpflichtig:** Die meisten Dienste bieten eine kostenlose werbefinanzierte Stufe mit eingeschränkten Funktionen. Bezahlte Pläne entfernen Werbung, ermöglichen Offline-Downloads und verbessern häufig die Tonqualität.
- **Musikkatalog:** Während beliebte Künstler auf den meisten Plattformen verfügbar sind, sind einige Nischengenres oder ältere Künstler möglicherweise auf einem Dienst besser vertreten als auf einem anderen.
- **Discovery-Funktionen:** Überlegen Sie, wie Sie gerne neue Musik finden. Spotify zeichnet sich durch algorithmische Wiedergabelisten aus, während Dienste wie Apple Music möglicherweise eine bessere menschliche Kuration bieten.
- **Exklusiver Inhalt:** Einige Dienste bieten Podcasts, exklusive Live-Auftritte oder andere Inhalte, die Ihre Entscheidung beeinflussen können.

Tipps
1. **Versuche:** Profitieren Sie von kostenlosen Testversionen, bevor Sie ein Abonnement abschließen.
2. **Studentenrabatte:** Viele Dienste bieten ermäßigte Tarife für Studenten an.
3. **Familienpläne:** Sparen Sie Geld, indem Sie ein Abonnement mit mehreren Familienmitgliedern teilen.

Podcasts und Hörbücher

Verbessern Sie Ihren Arbeitsweg, Ihr Training oder Ihre Ausfallzeiten mit dem gesprochenen Wort. Ihr Motorola Edge 50 Pro ist ein Portal zu einer umfangreichen Bibliothek unterhaltsamer und informativer Audioinhalte.

Podcasts
- **Was sind Sie?:** Stellen Sie sich Podcasts als On-Demand-Radiosendungen vor, die ein grenzenloses Themenspektrum abdecken: Nachrichten, Comedy, wahre Kriminalität, Interviews, Bildungsinhalte und vieles mehr.
- **Wo Sie sie finden:** Zu den beliebten Apps gehören:

- **Google Podcasts:** Wahrscheinlich auf Ihrem Motorola vorinstalliert
- **Spotify:** Podcasts werden zunehmend in Musik-Streaming-Dienste integriert.
- **Pocket Casts, Podcast-Süchtiger:** Spezialisierte Podcast-Kraftpakete mit erweiterten Funktionen.
- **Erste Schritte:** Durchsuchen Sie vorgestellte und angesagte Podcasts oder suchen Sie nach Themen, die Sie interessieren. Die meisten Apps bieten kostenlose Podcast-Abonnements an.

Hörbücher
- **Immersives Geschichtenerzählen:** Hören Sie sich professionelle Erzählungen Ihrer Lieblingsromane, Sachbücher und mehr an.
- **Wo Sie sie finden:**
  - **Hörbar (Amazon):** Größter abonnementbasierter Hörbuchdienst mit unzähligen exklusiven Inhalten.
  - **Google Play Bücher:** Bietet Hörbuchkäufe à la carte.
  - **Libby (über Ihre Bibliothek):** Mit Ihrem Bibliotheksausweis können Sie

kostenlos Hörbücher (und E-Books) ausleihen.
- **Hören:** Die meisten der oben genannten Apps unterstützen auch Hörbücher

Tipps
- **Downloads sind dein Freund:** Insbesondere bei längeren Hörbüchern spart der Download über WLAN Daten und sorgt für eine reibungslose Wiedergabe unterwegs.
- **Wiedergabegeschwindigkeit:** Bei vielen Apps können Sie die Wiedergabegeschwindigkeit anpassen und so das Hören etwas beschleunigen, ohne dass es unnatürlich klingt.
- **Sleep-Timer:** Hilfreich, um zu verhindern, dass Sie einen Teil eines Hörbuchs verpassen, wenn Sie beim Hören einnicken.
- **Bluetooth-Lautsprecher:** Verbessern Sie das Hörerlebnis mit externen Lautsprechern, perfekt für Hörbücher zu Hause.

Ein Hinweis zur Barrierefreiheit
Podcasts und Hörbücher sind fantastisch für Menschen mit Sehbehinderungen oder alle, die

Geschichten lieber per Audio lernen oder genießen möchten.

Videos Anschauen

Gespeicherte Videos Abspielen

Ihr Telefon eignet sich hervorragend zum Ansehen von lokal gespeicherten Videos. Hier ist wie:

1. Suchen Sie die Video-App

- **Galerie-App:** Ihre Fotos und Videos finden Sie oft in einer einzigen Galerie-App. Suchen Sie nach einer Registerkarte „**Videos**" oder ähnlichem.
- **Spezielle Video-App:** Ihr Telefon verfügt möglicherweise über eine bestimmte App namens „**Video**", „**TV**" oder etwas Ähnliches.
- **Dateimanager:** Für mehr Kontrolle kann Ihr Dateimanager auf Videos zugreifen, egal wo diese auf dem Telefon gespeichert sind.

2. **Finden Sie Ihr Video**
   - **Videodateien:** Durchsuchen Sie die Ordner, um das Video zu finden, das Sie abspielen möchten.
   - **Unterstützte Formate:** Die meisten Telefone verarbeiten gängige Formate wie MP4, für unbekanntere Typen sind jedoch möglicherweise Apps von Drittanbietern erforderlich.

3. **Wiedergabe**
   - **Berühre um zu spielen:** Tippen Sie auf die Miniaturansicht des Videos, um die Wiedergabe zu starten.
   - **Ganzer Bildschirm:** Drehen Sie Ihr Telefon horizontal, um eine größere Ansicht zu erhalten.
   - **Wiedergabesteuerung:** Klassische Steuerelemente für Wiedergabe/Pause, Rücklauf/Schnellvorlauf, Lautstärke und oft auch erweiterte Optionen wie Untertitel und Geschwindigkeitsregelung.

Videos auf Ihr Telefon übertragen

- **Übertragung vom Computer:** Schließen Sie Ihr Telefon über USB an und kopieren Sie Videodateien.
- **Mit Genehmigung herunterladen:** Einige Websites erlauben das Herunterladen von Videos. Urheberrecht prüfen!
- **Cloud-Speicher:** Greifen Sie über Dienste wie Google Drive oder Dropbox auf auf Ihrem Telefon gespeicherte Videos zu.

Fehlerbehebung

- **Nicht unterstützte Dateiformate:** Probieren Sie einen Videoplayer eines Drittanbieters wie VLC (erhältlich im Play Store) aus, der eine größere Auswahl an Formaten unterstützt.
- **Stotternde Wiedergabe:** Wenn das Video eine hohe Auflösung hat, laden Sie es zunächst vollständig herunter, bevor Sie es wiedergeben, um ein reibungsloses Erlebnis zu gewährleisten.

Tipps

1. **Untertitel:** Suchen Sie, sofern verfügbar, in den Steuerelementen des Videoplayers nach

einer Untertiteloption (häufig ein „**CC**"-Symbol).

2. **Bildschirmhelligkeit/Lautstärke:** Passen Sie die Einstellungen für ein angenehmes Seherlebnis an.

Beliebte Video-Streaming-Dienste (YouTube, Netflix usw.)

Streaming-Dienste bieten eine umfangreiche On-Demand-Bibliothek mit Filmen, Fernsehsendungen und Originalinhalten. Hier ist ein Blick auf beliebte Optionen:

Große Spieler

- **Netflix:** Der Streaming-Riese ist für seine riesige Bibliothek beliebter Filme, Fernsehsendungen und jede Menge preisgekrönter Originalinhalte bekannt.
- **Amazon Prime-Video:** Im Lieferumfang eines Amazon Prime-Abonnements enthalten, bietet es eine Mischung aus Mainstream-Inhalten, von Kritikern gefeierten Originalen und Filmen zum Ausleihen oder Kaufen.
- **Youtube:** Eine kostenlose, werbefinanzierte Plattform mit nutzergenerierten Inhalten,

Musikvideos und Kanälen, die jede erdenkliche Nische abdecken. Es bietet auch Premium-Abonnements (YouTube Premium) für werbefreies Ansehen und Hintergrundwiedergabe.
- **Disney+:** Heimat beliebter Franchises wie Disney, Pixar, Marvel, Star Wars und National Geographic.
- **Hulu:** Hervorragende Auswahl aktueller und klassischer Netzwerkfernsehsendungen sowie Originalserien.

Spezialdienstleistungen

- **HBO Max:** Bietet HBO-Premiumsendungen sowie Filme von Warner Bros. und mehr.
- **Apple TV+:** Der Schwerpunkt des Angebots von Apple liegt auf hochwertigen Originalserien und -filmen.
- **Crunchyroll:** Ein Paradies für Anime-Liebhaber mit einer riesigen Bibliothek untertitelter und synchronisierter Shows.
- **Nachteile:** Kuratierte Auswahl an Independent-, Arthouse- und internationalem Kino.

- **Schaudern:** Für Fans von Horror, Thrillern und Übernatürlichem.

Dinge, die man beachten muss
- **Abonnementkosten:** Für die meisten Dienste ist eine monatliche Abonnementgebühr erforderlich. Einige bieten verschiedene Stufen mit unterschiedlicher Qualität (HD vs. 4K) oder die Möglichkeit, auf mehreren Bildschirmen gleichzeitig zu schauen.
- **Ursprünglicher Inhalt:** Wenn exklusive Shows und Filme wichtig sind, sind sie ein wichtiger Faktor bei der Auswahl Ihres Dienstes.
- **Plattformverfügbarkeit:** Überprüfen Sie, ob der Dienst über eine spezielle App für Ihren Edge 50 Pro verfügt oder ob Sie über einen Webbrowser darauf zugreifen müssen.
- **Offline-Anzeige:** Bei vielen Diensten können Sie Sendungen und Filme herunterladen, um sie anzusehen, wenn Sie keine Internetverbindung haben.

Tipps
- **Kostenlose Versuche:** Nutzen Sie die Testversionen, um Dienste auszuprobieren, bevor Sie ein Abonnement abschließen.
- **Bündel:** Einige Dienste sind in Mobilfunkplänen oder anderen Abonnements enthalten (z. B. Disney+ mit ausgewählten Verizon-Plänen).
- **Konten teilen:** Überprüfen Sie die Richtlinien des Dienstes zum Teilen von Konten mit Freunden oder der Familie, um Geld zu sparen.

Screencasting-Funktionen

Mit Screen Casting können Sie das gesamte Display Ihres Telefons drahtlos auf einen kompatiblen Smart-TV oder ein Streaming-Gerät spiegeln. Hier erfahren Sie, wie es funktioniert und wie Sie beginnen:

Technologie dahinter
- **Miracast:** Ein allgemeiner Standard, der in vielen Android-Geräten und Smart-TVs für die direkte Bildschirmspiegelung integriert ist.

- **Chromecast:** Die proprietäre Technologie von Google wird in Chromecast-Geräten und Fernsehern mit integriertem Chromecast verwendet. Es ist für das Streamen von Video-Apps optimiert.
- **Andere:** Samsung-Telefone verfügen oft über Funktionen wie Smart View, während Apple-Geräte auf AirPlay angewiesen sind, um AppleTVs zu spiegeln.

Was du brauchen wirst
- **Motorola Edge 50 Pro:** Ihr Telefon unterstützt wahrscheinlich in irgendeiner Form Screencasting.
- **Kompatibler Empfänger:**
  - **Smart TV mit Miracast oder Chromecast integriert:** Überprüfen Sie die Spezifikationen Ihres Fernsehers.
  - **Streaming-Gerät:** Chromecast, Amazon Fire TV Stick, Roku usw.

So führen Sie einen Screencast durch

Methode 1: Schnelleinstellungen

- **Zweimal nach unten wischen:** Greifen Sie auf Ihre Schnelleinstellungen zu.
- **Suchen Sie nach einem Casting-Symbol:** Oft genannt „Gießen," "Screencast," "Intelligente Ansicht," oder etwas ähnliches.
- **Wählen sie ihren Gerätetyp:** Tippen Sie auf den Namen Ihres Smart TV oder Streaming-Geräts.

Methode 2: Aus Apps heraus

- **Unterstützte Apps:** YouTube, Netflix und viele andere verfügen über eine integrierte Casting-Taste (Quadrat mit WLAN-Signalwellen in einer Ecke).
- **Tippen Sie, um eine Verbindung herzustellen:** Tippen Sie auf das Cast-Symbol und wählen Sie Ihr kompatibles Gerät aus.

Tipps

- **Gleiches Wi-Fi-Netzwerk:** Damit die Übertragung funktioniert, müssen sich Ihr

Telefon und das TV-/Streaming-Gerät im selben WLAN-Netzwerk befinden.
- **App vs. gesamter Bildschirm:** Wählen Sie zwischen der Übertragung des Inhalts einer bestimmten App oder der Spiegelung Ihres gesamten Telefondisplays.
- **Leistung:** Eine gute WLAN-Signalstärke ist für eine reibungslose Übertragung von entscheidender Bedeutung.

Fehlerbehebung
- **Gerät nicht gefunden:** Stellen Sie sicher, dass Ihr Fernseher oder Streaming-Gerät eingeschaltet und erkennbar ist.
- **Stottern:** Versuchen Sie, näher an Ihren Router heranzukommen, oder erwägen Sie die Verwendung eines 5-GHz-WLAN-Bandes für weniger Störungen, sofern Ihr Router dies unterstützt.

Spielen

Optimierung der Spielleistung

Um das beste Spielerlebnis auf Ihrem Telefon zu erzielen, sind einige wichtige Optimierungen und Überlegungen erforderlich.

Integrierte Gaming-Modi
- **Schauen Sie in Ihren Einstellungen nach:** Viele Motorola-Telefone bieten in ihren Einstellungen einen speziellen Gaming-Modus oder eine Leistungssteigerung an. Suchen Sie nach Begriffen wie „**Spiel**" oder "**Leistung**."
- **Was es macht:** Diese Modi häufig:
  - Priorisieren Sie die Ressourcennutzung des Spiels, um Ruckler und Verzögerungen zu minimieren.
  - Blockieren Sie Benachrichtigungen während des Spiels, um Ablenkungen zu vermeiden.

- Bieten Sie Bildschirmaufzeichnungen oder schnellen Verknüpfungszugriff auf andere Tools.

Allgemeine Optimierungstipps

- **Hintergrund-Apps schließen:** Geben Sie RAM und Rechenleistung frei, indem Sie unnötige Apps schließen, die im Hintergrund ausgeführt werden.
- **Batteriesparmodus deaktivieren:** Batteriesparer können die Leistung drosseln. Schließen Sie das Ladegerät an, wenn Sie anspruchsvolle Spiele spielen, um das beste Erlebnis zu erzielen.
- **Gute Netzwerkbedingungen:** Eine starke, stabile WLAN- oder mobile Datenverbindung für Online-Spiele ist für die Reduzierung von Verzögerungen von entscheidender Bedeutung.
- **Spieleinstellungen verwalten:** Viele Spiele verfügen über spielinterne Grafikeinstellungen. Eine geringfügige Verringerung der Auflösung und der Effekte kann zu einer gleichmäßigeren Bildrate führen.

- **Zubehör:** Erwägen Sie einen Gamepad-Controller für mehr Präzision und Komfort bei bestimmten Arten von Spielen.

Überhitzung

Anspruchsvolle Spiele beanspruchen die Hardware Ihres Telefons. So verwalten Sie es:

- **Pausen machen:** Wenn sich das Telefon sehr heiß anfühlt, lassen Sie es abkühlen.
- **Vermeide direktes Sonnenlicht:** Spielen Sie keine intensiven Spiele, während Ihr Telefon in der Sonne brennt.
- **Entfernen Sie das Gehäuse (vorübergehend):** Hüllen können Hitze einschließen. Es könnte hilfreich sein, es bei langen Gaming-Sitzungen zu entfernen.

Booster-Apps von Drittanbietern

- **Mit Vorsicht fortfahren:** Der Play Store ist voll von Apps, die angeblich Ihr Spielerlebnis verbessern. Viele müssen effektiver sein oder, schlimmer noch, mit Werbung übersät sein.
- **Seriöse Optionen:** Wenn Sie sich mit Game-Boostern beschäftigen, recherchieren

Sie, lesen Sie Rezensionen und bleiben Sie bei bekannten Entwicklern.

Neue Spiele finden

Zu wissen, wo man anfangen soll, kann manchmal die größte Herausforderung sein, wenn einem eine riesige Spielebibliothek zur Verfügung steht. Hier finden Sie tolle Handyspiele:

1. Der Google Play Store
- **Empfohlen und im Trend:** Auf dem Startbildschirm des Play Store werden Neuerscheinungen, beliebte Spiele und kuratierte Kategorien hervorgehoben.
- **Kategorien:** Tauchen Sie ein in Genres wie Action, Rennen, Puzzle, Strategie und mehr.
- **Top-Charts:** Sehen Sie, welche Spiele derzeit am häufigsten heruntergeladen und gespielt werden.
- **Suchen:** Verwenden Sie die Suchleiste, wenn Sie etwas Bestimmtes im Sinn haben.

2. Gaming-Websites und Blogs
Websites und YouTube-Kanäle, die sich dem mobilen Gaming widmen, bieten Rezensionen,

Empfehlungen und Updates zu Neuerscheinungen. Einige beliebte davon sind:

- **DroidGamers:** Nachrichten, Rezensionen und kuratierte Listen.
- **PocketGamer:** Ähnlich wie DroidGamers, das viele mobile Spiele abdeckt.
- **TouchArcade (https://toucharcade.com/):** Konzentriert sich auf iOS- und Android-Mobilspiele.

3. Soziale Empfehlungen

- **Freunde:** Fragen Sie andere Gamer, was sie auf ihren Handys spielen.
- **Reddit:** Subreddits wie r/AndroidGaming oder r/mobilegaming eignen sich hervorragend für Diskussionen und das Auffinden versteckter Schätze.

Dinge, die man beachten muss

- **Kostenlos vs. kostenpflichtig:** Viele Spiele sind mit In-App-Käufen kostenlos spielbar, während für andere eine Vorabgebühr anfällt.

- **Online vs. Offline:** Entscheiden Sie, ob Sie Spiele möchten, die Sie überall spielen können, oder ob Sie Multiplayer-Titel bevorzugen, die eine WLAN-Verbindung erfordern.
- **Gerätekompatibilität:** Manche Spiele erfordern leistungsstarke Hardware. Überprüfen Sie die Anforderungen eines Spiels, bevor Sie es herunterladen.

Viel Spaß beim Spielen!

Kalender

Erstellen und Verwalten von Ereignissen

DerDie Kalender-App Ihres Telefons ist Ihr digitaler Assistent zum Verfolgen von Terminen, Geburtstagen, Besprechungen und mehr. Die meisten Telefone verfügen über einen vorinstallierten Kalender, der mit Ihrem Google-Konto synchronisiert wird.

Erstellen eines neuen Ereignisses
- **Öffnen Sie Ihre Kalender-App:** Suchen Sie nach einer App mit dem Namen „**Kalender**" oder "**Google Kalender**."
- **Schaltfläche „Hinzufügen":** Normalerweise ein „+", „Zeichen" oder "**Neu Ereignis**" Taste.
- **Veranstaltungsdetails**: Ausfüllen:
  - **Titel:** Ein beschreibender Name.

- **Terminzeit:** Wählen Sie Start- und Endzeiten aus.
- **Den ganzen Tag:** Aktivieren Sie diese Option für Ereignisse, die sich über den ganzen Tag erstrecken.
- **Standort:** Fügen Sie einen physischen Standort oder einen Online-Meeting-Link hinzu.
- **Erinnerungen:** Legen Sie Benachrichtigungen vor dem Ereignis fest.
- **Wiederholen:** Optionen für wiederkehrende Ereignisse (täglich, wöchentlich usw.).
- **Beschreibung:** Fügen Sie zusätzliche Notizen hinzu.

Anzeigen Ihres Kalenders

- **Verschiedene Ansichten:** Wechseln Sie zwischen Tages-, Wochen-, Monats- oder Agendaansichten, um Ihren Zeitplan optimal für Sie anzuzeigen.
- **Farbcodierung:** In vielen Kalender-Apps können Sie zur besseren Organisation verschiedenen Ereigniskategorien Farben zuweisen.

Bestehende Ereignisse verwalten
- **Tippen Sie auf ein Ereignis:** Details und Optionen zum Bearbeiten anzeigen.
- **Löschen:** Sehen Sie sich Veranstaltungsdetails an, indem Sie nach einem Papierkorbsymbol oder einem „**"suchen .Löschen**" Möglichkeit.
- **Drag-and-Drop (manchmal):** Für eine schnelle Neuplanung bieten einige Apps die Möglichkeit, Ereignisse per Drag-and-Drop auf neue Daten und Zeiten zu verschieben.

Tipps
1. **Synchronisierung:** Stellen Sie sicher, dass Ihr Kalender für die Synchronisierung mit Ihrem Google-Konto (oder anderen E-Mail-Konten, sofern unterstützt) eingerichtet ist, damit Sie geräteübergreifend auf Ihre Ereignisse zugreifen können.
2. **Mehrere Kalender:** Erstellen Sie separate Kalender für Arbeit, Privatleben usw., um die Dinge organisiert zu halten. Sie können auswählen, welche Kalender übereinander angezeigt werden sollen.
3. **Lädt ein:** Laden Sie andere zu Veranstaltungen ein und fügen Sie

Besprechungslinks für eine einfache Zusammenarbeit hinzu.

Verschiedene Kalenderansichten

Die meisten Kalender-Apps bieten verschiedene Möglichkeiten, Ihre bevorstehenden Ereignisse anzuzeigen. Wenn Sie diese Ansichten verstehen, können Sie jederzeit diejenige auswählen, die Ihren Anforderungen am besten entspricht.

Allgemeine Kalenderansichten

- **Tag:** Diese Option konzentriert sich auf einen einzelnen Tag, wobei die Ereignisse chronologisch aufgelistet werden. Es eignet sich hervorragend, um sich stundenweise einen detaillierten Überblick über Ihren Zeitplan zu verschaffen.
- **Woche:** Zeigt eine ganze Woche auf einen Blick. Perfekt, um zu sehen, wie sich Ihre Woche entwickelt, und um arbeitsreiche Tage zu identifizieren.
- **Monat:** Bietet einen umfassenden Überblick über den gesamten Monat mit kleinen visuellen Indikatoren, die Ereignisse darstellen. Nützlich für die langfristige Planung oder das Erkennen von Mustern.

- **Agenda:** Dies ist eine einfache Listenansicht Ihrer bevorstehenden Ereignisse in chronologischer Reihenfolge, oft mit mehr Details als in der Monatsansicht.

Ansichten wechseln

- **Schaltflächen oder Registerkarten:** Um schnell zwischen den Ansichten zu wechseln, suchen Sie oben oder unten in Ihrer Kalender-App nach klar gekennzeichneten Optionen oder Registerkarten.
- **Gesten:** Bei einigen Kalender-Apps können Sie nach links und rechts wischen, um zwischen den Tages-, Wochen- und Monatsansichten zu wechseln.

Zusätzliche Ansichtsoptionen

- **3-Tages-Ansicht:** Einige Apps bieten eine Ansicht, die jeweils einige Tage anzeigt, einen Kompromiss zwischen täglich und wöchentlich.
- **Anpassung:** Sie können anpassen, welche Wochentage in der Wochenansicht enthalten sind (z. B. nur Arbeitstage) oder verschiedene Ereignistypen farblich kennzeichnen.

Profi-Tipp
- Experimentieren Sie mit den verschiedenen Ansichten und bleiben Sie bei der, die die größte Klarheit bietet, je nachdem, ob Sie eine detaillierte Ansicht Ihres Tages oder einen langfristigen Überblick über Ihre Pläne benötigen.

Integration mit Anderen Konten

Ihr Kalender kann noch leistungsfähiger werden, wenn er relevante Ereignisse aus anderen Bereichen Ihres digitalen Lebens einbezieht.

Gemeinsame Integrationen
- **Google Benutzerkonto:** Ihr primäres Google-Konto ist normalerweise bereits synchronisiert und zeigt automatisch Gmail-Ereignisse (z. B. Flüge und Hotelreservierungen) an.
- **Zusätzliche E-Mail-Konten:** Wenn Sie Ihrem Telefon andere E-Mail-Konten (Outlook, Exchange usw.) hinzugefügt haben, können Sie deren Kalender synchronisieren.
- **Arbeits- oder Schulkonten:** Viele Schulen und Organisationen nutzen Kalendersysteme,

die in die Kalender-App Ihres Telefons integriert werden können.
- **Spezialisierte Apps:** Apps für Reisen, Aufgabenverwaltung, Veranstaltungsbuchungen usw. können ihre Veranstaltungen mit Ihrem Kalender verknüpfen.

So fügen Sie zusätzliche Kalender hinzu
- **Einstellungen der Kalender-App:** Suchen Sie nach einem Abschnitt mit dem Namen „**Konten**" oder "**Verwalten Kalender**" oder etwas ähnliches.
- **Konto hinzufügen:** Wählen Sie den entsprechenden Dienst (Google, Outlook usw.) aus und folgen Sie dem Anmeldevorgang.
- **Wählen Sie zum Synchronisieren:** Möglicherweise verfügen Sie über eine Liste von Kalendern, die mit diesem Konto verknüpft sind. Wählen Sie diejenigen aus, die Sie in Ihrer Hauptkalender-App sehen möchten.

Vorteile der Integration

- **Ein zentraler Hub:** Sehen Sie sich alle Ihre Termine und Veranstaltungen an einem einzigen Ort an, unabhängig davon, wo Sie sie ursprünglich erstellt haben.
- **Konflikte vermeiden:** Identifizieren Sie potenzielle Terminkonflikte mit Ereignissen aus verschiedenen Bereichen Ihres Lebens.
- **Automatisierung:** Bestimmte App-Ereignisse werden automatisch hinzugefügt, ohne dass Sie sie manuell eingeben müssen.

Tipps

1. **Berechtigungen:** Beim Hinzufügen neuer Konten fordert Ihre Kalender-App möglicherweise die Erlaubnis zum Zugriff auf Ihre Kontakte und andere Informationen an.
2. **Anpassungen:** Durchsuchen Sie die Einstellungen Ihrer Kalender-App nach Möglichkeiten, Kalender aus verschiedenen Quellen farblich zu kennzeichnen oder ihre Sichtbarkeit für eine bessere Organisation umzuschalten.

Notizen und Erinnerungen

Einfache Notizen machen

Eine Notiz-App ist unglaublich nützlich, um eine schnelle Idee zu notieren, eine Einkaufsliste zu erstellen oder wichtige Informationen zu speichern.

Wo Sie Ihre Notizen-App finden
- **Google Keep:** Oft auf Motorola-Telefonen vorinstalliert. Es handelt sich um eine vielseitige Notiz-App, die mit Ihrem Google-Konto synchronisiert wird.
- **Herstellerspezifische Apps:** Einige Telefonhersteller bieten ihre Notiz-Apps an. Suchen Sie nach etwas namens „**Anmerkungen**".
- **Play Store-Optionen:** Wenn Sie nach weiteren Funktionen suchen, bietet der Play Store viele leistungsstarke Notiz-Apps wie Evernote, OneNote und Simplenote.

Grundlegende Notizen erstellen

1. ÖÖffnen Sie Ihre Notizen-App
2. **Schaltfläche „Neue Notiz":** Oft ein '+'-Symbol oder tippen Sie auf ein **„Neuer Hinweis"** Möglichkeit.
3. **Anfangen zu tippen:** Geben Sie Ihre Notiz ein. Die meisten Apps speichern Ihre Änderungen automatisch.
4. **Titel:** Geben Sie Ihrer Notiz einen Titel (optional, aber gut für die Organisation).

Tipps

- **Suchen:** Notizen-Apps verfügen normalerweise über eine Suchleiste, um ältere Notizen schnell zu finden.
- **Formatierung:** Selbst einfache Notiz-Apps bieten grundlegende Formatierungen (Fett, Kursiv, Listen); Achten Sie beim Tippen auf Bearbeitungswerkzeuge.
- **Organisation:** Erstellen Sie Ordner oder Labels (sofern Ihre App dies zulässt), um Ihre Notizen sortiert zu halten.

Wichtiger Hinweis: Eine spezielle Notizen-App ist in der Regel besser, als sich für einfache, schnelle Notizen ausschließlich auf Erinnerungen zu verlassen. Erinnerungen eignen sich hervorragend für zeitkritische Warnungen, Notizen bieten jedoch mehr Vielseitigkeit für allgemeine Informationen.

Erinnerungen Einstellen

Ihr Motorola Edge 50 Pro kann ein zuverlässiger Assistent sein, der Sie rechtzeitig an alles erinnert, von Terminen bis zum Abholen der Milch.

Wo Erinnerungen eingestellt werden
Es gibt einige Optionen:

1. **Spezielle Erinnerungs-App:** Einige Telefone verfügen über eine separate App namens „**Erinnerungen**" oder etwas Ähnliches. Suchen Sie nach einem Glockensymbol.
2. **Innerhalb der Kalender-App:** In den meisten Kalender-Apps können Sie Erinnerungen für von Ihnen erstellte Ereignisse festlegen. Achten Sie beim Erstellen oder Bearbeiten eines Kalendereintrags auf eine Erinnerungsoption.
3. **Google Assistant:** Sagen, "**Hallo Google, erinnere mich daran...**" und verwenden

Sie natürliche Sprache, um Erinnerungen einzurichten.

Eine Erinnerung erstellen

Der Vorgang kann je nach App leicht variieren, aber hier ist die allgemeine Idee:

1. ÖGeben Sie die von Ihnen gewählte App ein.
2. **Neuer Erinnerungsbutton:** Typischerweise ein '+' -Symbol oder ähnliches.
3. **Erinnerungsbeschreibung:** Geben Sie eine kurze Beschreibung dessen ein, woran Sie erinnert werden möchten. ("**Rufen Sie den Zahnarzt an**," "**Bring den Müll raus**")
4. **Terminzeit:** Legen Sie fest, wann die Erinnerung ertönen soll.
5. **Wiederholen:** Konfigurieren Sie, ob die Erinnerung wiederholt werden soll (z. B. täglich, wöchentlich usw.).

Erinnerungsfunktionen

- **Standortbezogene Erinnerungen:** Einige Apps können Sie daran erinnern, wenn Sie an einem bestimmten Ort ankommen oder ihn

verlassen. Das ist großartig für Dinge wie **„Kaufen Sie Brot, wenn Sie in der Nähe der Bäckerei sind."**
- **Benutzerdefinierte Sounds:** Wählen Sie einen einzigartigen Benachrichtigungston für Ihre Erinnerungen, um sie von normalen Benachrichtigungen abzuheben.

Tipps

1. **Seien Sie in Ihrer Beschreibung konkret:** Auf diese Weise wissen Sie genau, wozu die Erinnerung dient, wenn sie ertönt.
2. **Legen Sie eine Vorlaufzeit fest:** Nehmen Sie sich vor der Aufgabe genügend Zeit und erinnern Sie sich etwas früher daran, damit Sie nicht in Eile geraten.
3. **Übertreiben Sie es nicht:** Zu viele Erinnerungen können überwältigend sein und ihre Wirksamkeit verlieren.

Organisation mit Checklisten

Checklisten verwandeln Ihre Notizen in strukturierte, umsetzbare Listen, die sich perfekt für Aufgaben, Projekte, Einkäufe und mehr eignen.

So verwenden Sie Checklisten in Notes-Apps

- **Finden Sie die Funktion:** Suchen Sie in den Bearbeitungsoptionen Ihrer Notes-App nach einer Checklisten-Schaltfläche. Das Symbol sieht oft aus wie ein paar Zeilen mit leeren Kontrollkästchen daneben.
- **Erstellen Sie Ihre Liste:** Jedes Mal, wenn Sie nach der Eingabe eines Elements die Eingabetaste drücken, wird automatisch ein neues Kontrollkästchen angezeigt.
- **Die Befriedigung, Dinge abzuhaken:** Es hat etwas unglaublich Befriedigendes, diese Kästchen anzukreuzen, während man Fortschritte macht!

Spezielle Apps für Checklisten

Während einfache Checklisten in den meisten einfachen Notiz-Apps gut funktionieren, sollten Sie Folgendes in Betracht ziehen, wenn Sie häufig Checklisten verwenden:

- **Google-Aufgaben:** Es lässt sich in Gmail und Google Kalender integrieren und eignet sich hervorragend für einfache, aber zusammenhängende Aufgaben.

- **Todoist:** Eine leistungsstarke To-Do-App mit Schwerpunkt auf Projekten, Unteraufgaben und wiederkehrenden Fristen.

- **TickTick:** Bietet Funktionen wie Tags, Zusammenarbeit und einen Pomodoro-Timer für konzentrierte Arbeitssitzungen.

Vorteile von Checklisten

- **Aufgaben aufteilen:** Komplexe Aufgaben lassen sich leichter verwalten, wenn sie in kleinere Listenelemente unterteilt werden.
- **Vermeiden Sie es, Schritte zu vergessen:** Das ist ideal für mehrstufige Prozesse, bei denen Sie nichts verpassen möchten.
- **Gefühl der Erfüllung:** Durch das Abhaken von Elementen steigern Sie Ihren Erfolg, während Sie Fortschritte machen.
- **Wiederverwendbarkeit:** Vorlagen für wiederkehrende Aufgaben (Packliste, Monatsziele etc.) sparen Zeit.

Tipps

1. **Unteraufgaben:** Unterteilen Sie komplexe Elemente auf Ihrer Liste weiter in Form von Kontrollkästchen innerhalb eines übergeordneten Listenelements (nur in Apps, die verschachtelte Checklisten unterstützen).
2. **Teilen und Zusammenarbeit:** Einige Apps ermöglichen das Teilen von Checklisten, was sich hervorragend für Teamaufgaben oder das Zuweisen von Artikeln auf der Einkaufsliste zu einem Partner eignet.

Rechner, Uhr und Andere Tools

Integrierte Dienstprogramme

Ihr Telefon ist vollgepackt mit vorinstallierten Apps, die über die Kernkommunikationsfunktionen hinausgehen. Schauen wir uns einige der häufigsten an:

Taschenrechner
- **Grundlegende Berechnungen:** Addieren, subtrahieren, multiplizieren und dividieren – Ihr Telefon ersetzt einen klassischen Taschenrechner.
- **Wissenschaftliche Funktionen (oft):** Greifen Sie auf erweiterte Funktionen wie Trigonometrie und Logarithmen zu. Suchen Sie nach einer Schaltfläche, mit der Sie Ihr Telefon horizontal drehen oder die Taschenrechneroptionen erweitern können.

Uhr

- **Alarm:** Stellen Sie mehrere Alarme mit benutzerdefinierten Tönen, Beschriftungen und Wiederholungsoptionen ein.
- **Stoppuhr:** Perfekt für die Zeitmessung beim Training, Kochen oder anderen Aktivitäten.
- **Timer:** Stellen Sie einen Countdown-Timer ein und erhalten Sie eine Benachrichtigung, wenn der Countdown Null erreicht.
- **Weltuhr:** Behalten Sie die aktuellen Zeiten in verschiedenen Städten weltweit im Auge.

Zusätzliche Tools

- **Tonaufnahmegerät:** Nehmen Sie Sprachnotizen, Vorträge oder schnelle musikalische Ideen auf.
- **Dateimanager:** Durchsuchen Sie Dateien im internen Speicher Ihres Telefons und auf der SD-Karte (falls vorhanden). Verwalten Sie Downloads und übertragen Sie Dateien.
- **Kompass:** Finden Sie Ihre Orientierung! Für die schnelle Orientierung können digitale Kompasse überraschend praktisch sein.
- **Wetter:** Einige Telefone verfügen über eine integrierte Wetter-App, die aktuelle Bedingungen und Vorhersagen bereitstellt.

- **Herstellerspezifische Tools:** Ihr Motorola-Telefon verfügt möglicherweise über zusätzliche, einzigartige Dienstprogramme des Herstellers.

Tipps
1. **Überprüfen Sie Ihren App Drawer:** Stöbern Sie in Ihrer App-Schublade. Sie könnten von einem vorinstallierten Tool überrascht sein, von dem Sie nicht wussten, dass Sie es haben!
2. **Schnelleinstellungen:** Einige Tools (Stoppuhr, Timer, Taschenrechner) verfügen möglicherweise über Verknüpfungen im Schnelleinstellungsfeld für einen schnelleren Zugriff.

Der Google Play Store-Vorteil:
Wenn Sie jemals ein Tool benötigen, das nicht vorinstalliert ist, ist der Google Play Store Ihre Fundgrube. Suchen Sie nach speziellen Taschenrechnern, Einheitenumrechnern, Metronomen und vielen anderen Nischentools – oft kostenlos verfügbar!

Optionen für die Bildschirmsperre

Muster, PIN, Passwort, Fingerabdruck

Der Schutz der Daten Ihres Telefons ist von entscheidender Bedeutung. Ihr Motorola Edge 50 Pro bietet diese primären Bildschirmsperrmethoden:

1. **Muster**
   - **Wie es funktioniert:** Verbinden Sie Punkte in einem Raster in einem bestimmten, von Ihnen erstellten Muster.
   - **Vorteile:** Lässt sich schnell entsperren, wenn Ihr Muster einfach ist.
   - **Nachteile:** Möglicherweise unsicher. Schultersurfer könnten Muster erraten, und Flecken auf dem Bildschirm verraten Ihren Eingabepfad.

2. **PIN**
   - **Wie es funktioniert:** Ein Zahlencode mit mindestens 4 Ziffern, besser ist jedoch eine längere Zahl.
   - **Vorteile:** Sicherer als Muster. Bei längeren Codes ist es schwieriger, sie zu erraten.
   - **Nachteile:** Die Eingabe kann langsamer sein als die Eingabe eines Musters, insbesondere bei langen Codes.

3. **Passwort**
   - **Wie es funktioniert:** Alphanumerisches Passwort (Buchstaben, Zahlen, Symbole). Sie kann deutlich länger sein als PINs.
   - **Vorteile:** Sehr sicher, wenn Passwörter komplex und einzigartig sind (nicht an anderer Stelle wiederverwendet).
   - **Nachteile:** Das Eintippen ist langsamer, insbesondere bei längeren Passwörtern.

4. **Fingerabdruck**
   - **Wie es funktioniert:** Verwendet Ihren einzigartigen Fingerabdruck, um das Telefon zu entsperren.
   - **Vorteile:** Sehr praktisch und sicher.

- **Nachteile:** Es funktioniert möglicherweise nicht, wenn Ihre Finger nass oder schmutzig sind. Nicht alle Motorola Edge 50 Pro-Modelle verfügen über Fingerabdrucksensoren.

Wichtige Notizen:
1. **Kombination:** Bei vielen Telefonen können Sie Methoden für zusätzliche Sicherheit kombinieren (z. B. Fingerabdruck + Muster).
2. **Smart Lock (optional):** Einige Telefone verfügen über Funktionen, die das Telefon an vertrauenswürdigen Orten (Ihrem Zuhause) oder bei Verbindung mit vertrauenswürdigen Bluetooth-Geräten automatisch entsperren.
3. **Verlorenes Gerät:** Sichere Sperrmethoden sind von entscheidender Bedeutung, wenn Ihr Telefon verloren geht oder gestohlen wird.

Aufstellen:
Diese Optionen sind normalerweise innerhalb von **Einstellungen -> Sicherheit (oder ähnlich) -> Bildschirmsperre**.

Meine Empfehlung:
Der Fingerabdruck bietet den meisten Menschen die beste Balance zwischen Komfort und Sicherheit. Wenn dies keine Option ist, ist eine sichere PIN oder ein sicheres Passwort die nächstbeste Wahl.

Biometrisches Entsperren

Die biometrische Authentifizierung nutzt Ihre einzigartigen physischen Merkmale, um Ihr Telefon zu entsperren. Ihr Motorola Edge 50 Pro bietet möglicherweise Folgendes:

1. **Fingerabdrucksensor**
  - **Typen:**
    - **Optisch:** Verwendet Licht, um ein Bild Ihres Fingerabdrucks aufzunehmen, häufig unter dem Display.
    - **Kapazitiv:** Dies beruht auf winzigen elektrischen Ladungen und ist häufig eine physische Taste oder ein spezieller Bereich auf der Rückseite des Telefons.
    - **Ultraschall:** Bei dieser Methode wird Ultraschall verwendet, um einen detaillierteren 3D-Scan Ihres Fingerabdrucks zu erstellen. Es gilt als

sicherer und funktioniert auch mit leicht nassen Fingern.
- **Aufstellen:** Wird normalerweise während der Ersteinrichtung des Telefons oder darunter durchgeführt **Einstellungen -> Sicherheit (oder ähnlich) -> Fingerabdruck.**
- **Wie benutzt man:** Legen Sie zum Entsperren Ihren registrierten Finger auf den Sensorbereich.

2. Face Unlock
- **Bei Motorola-Telefonen seltener:** Einige Modelle unterstützen dies möglicherweise.
- **Wie es funktioniert:** Es nutzt die Frontkamera Ihres Telefons, um Ihr Gesicht zu erkennen.
- **Die Sicherheit variiert:** Einfache 2D-Gesichtsentsperrung kann mit Fotos getäuscht werden. Fortschrittlichere 3D-Systeme sind sicherer.

Überlegungen
- **Bequemlichkeit:** Biometrie ist unglaublich schnell und bequem – normalerweise wird

Ihr Gerät durch eine Berührung oder einen Blick entsperrt.
- **Sicherheit:** Fingerabdrücke gelten allgemein als sehr sicher. Die Sicherheit beim Entsperren per Gesichtserkennung variiert je nach Implementierung.
- **Zuverlässigkeit:** Verschmierte Kameras, schlechte Beleuchtung, nasse Finger usw. können ihre Zuverlässigkeit beeinträchtigen.
- **Backup ist unerlässlich:** Halten Sie immer eine Ersatz-PIN, ein Passwort oder ein Muster bereit, falls die biometrische Methode fehlschlägt.

Tipps
1. **Registrieren Sie mehrere Finger:** Registrieren Sie mehr als einen Finger (zum Beispiel beide Zeigefinger), falls einer nicht verfügbar ist.
2. **Bei Bedarf erneut anmelden:** Wenn Sie feststellen, dass die Genauigkeit der Fingerabdruckerkennung beeinträchtigt ist, kann es manchmal hilfreich sein, Ihren Fingerabdruck erneut zu registrieren.
3. **Sicherheitsbilanz:** Biometrische Optionen erfordern oft einen Kompromiss zwischen

absoluter Sicherheit und Komfort. Wählen Sie die Option, die Ihren Anforderungen am besten entspricht.

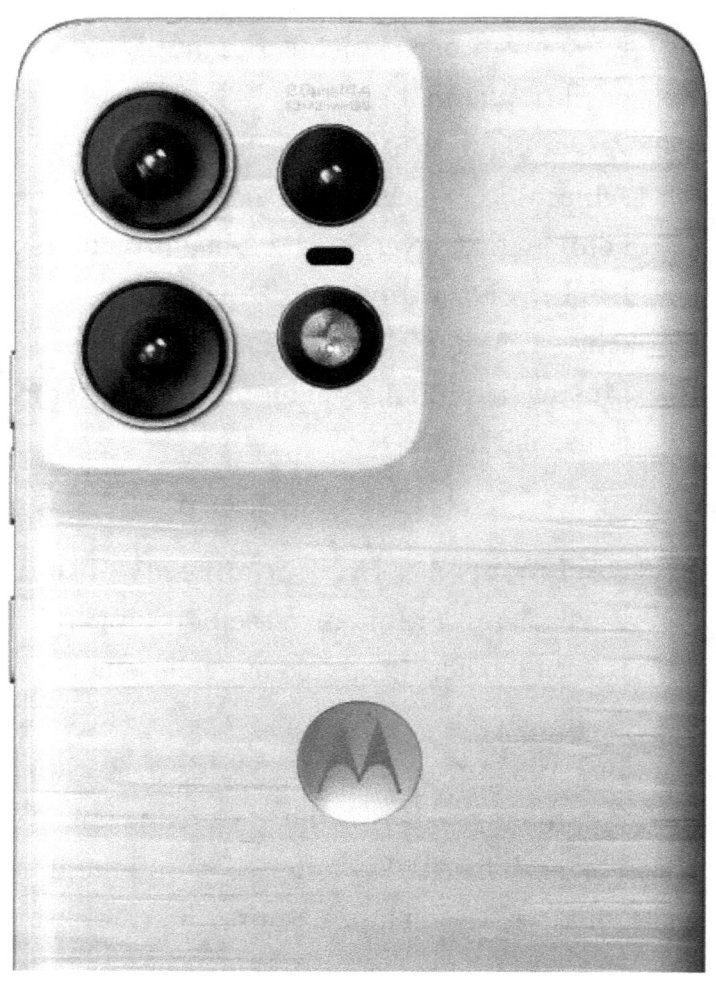

Datenschutzeinstellungen

App-Berechtigungen verwalten

Apps fordern häufig Zugriff auf verschiedene Funktionen Ihres Motorola Edge 50 Pro an. Obwohl dies für einige Funktionen erforderlich ist, schützt eine sorgfältige Verwaltung der Berechtigungen Ihre Daten.

Was sind App-Berechtigungen?
- **Standort:** Apps können Zugriff auf den Standort Ihres Geräts anfordern (GPS, netzwerkbasiert).
- **Kamera:** Apps benötigen möglicherweise Zugriff zum Aufnehmen von Fotos oder Videos.
- **Mikrofon:** Für Sprachaufzeichnung, Anrufe innerhalb von Apps usw.
- **Kontakte:** Einige Apps fordern möglicherweise Zugriff auf Ihre Kontaktliste an.

- **Lagerung:** Zugriff auf Dateien und Ordner auf Ihrem Telefon.
- **Und mehr:** Zu den Berechtigungen können Ihr Kalender, SMS (Textnachrichten), Körpersensoren und sogar die Möglichkeit zum Tätigen von Anrufen gehören.

Warum Berechtigungen verwalten?

- **Privatsphäre:** Zu freizügige Apps sammeln möglicherweise mehr Daten als sie benötigen und geben diese möglicherweise weiter oder verkaufen sie.
- **Sicherheit:** Schädliche Apps können Berechtigungen für Aktivitäten missbrauchen, die Sie nicht beabsichtigen.
- **Funktionalität:** Das Verweigern unnötiger Berechtigungen kann störende Benachrichtigungen oder Popups verhindern.
- **Batterielebensdauer:** Ständig im Hintergrund laufende Apps (z. B. zur Standortermittlung) können Ihren Akku belasten.

So verwalten Sie App-Berechtigungen

1. **Einstellungen -> Datenschutz (oder Apps & Benachrichtigungen):** Suchen Sie

nach einem Abschnitt zum Thema Datenschutz oder App-Berechtigungen.

2. **Berechtigungen nach Kategorie:** Sie können Berechtigungen häufig nach Typ (Standort, Kontakte, Kamera usw.) anzeigen und sehen, welchen Apps diese Berechtigung erteilt wurde.
3. **Steuerung pro App:** Tippen Sie auf eine einzelne App, um anzuzeigen und zu ändern, auf welche Berechtigungen sie zugreifen kann.

Tipps

1. **Installieren Sie seriöse Apps:** Um das Risiko bösartiger Apps zu verringern, sollten Sie sich an den offiziellen Google Play Store und bekannte Entwickler halten.
2. **„Just-in-time"-Ansatz:** Einige Apps fragen nur bei Bedarf nach Berechtigungen. Erwägen Sie, Berechtigungen vorübergehend zu erteilen und sie später zu widerrufen, wenn Sie die Funktion nicht regelmäßig nutzen.
3. **Achten Sie auf Updates:** App-Updates führen manchmal zu neuen Berechtigungsanfragen. Überprüfen Sie, was

sich geändert hat, bevor Sie es bedingungslos akzeptieren.

Steuern der Standortverfolgung

Standortdaten können unglaublich nützlich sein (Karten, Wegbeschreibungen), werfen aber auch Bedenken hinsichtlich des Datenschutzes auf. Zum Glück haben Sie eine detaillierte Kontrolle.

So funktioniert die Standortverfolgung
- **GEOGRAPHISCHES POSITIONIERUNGS SYSTEM:** Präzise, aber leistungshungrig.
- **Wi-Fi und Mobilfunknetze:** Schätzen Sie Ihren Standort anhand nahegelegener WLAN-Netzwerke und Mobilfunkmasten. Diese Methode ist weniger präzise, spart aber Batterie.
- **Google-Standortverlauf:** Wenn aktiviert, speichert Google einen detaillierten Verlauf Ihres Standorts. Es kann auf einer Kartenzeitleiste angezeigt werden.

Steuern systemweiter Standorteinstellungen
1. **Einstellungen -> Standort:** Ihr primärer Hub für Standorteinstellungen.

2. **Master-Umschaltung ein/aus:** Wenn Sie dies deaktivieren, wird der Standortzugriff für alle Apps deaktiviert.
3. **Aktueller Standortzugriff:** Sehen Sie, welche Apps Ihren Standort kürzlich verwendet haben.
4. **Google-Standortgenauigkeit:** Mit dieser Funktion kann Google WLAN und Bluetooth auch dann nutzen, wenn diese ausgeschaltet sind, um die Standortgenauigkeit für alle Apps zu verbessern.

App-spezifische Standortkontrollen
1. **Einstellungen -> Datenschutz (oder Apps & Benachrichtigungen) -> Berechtigungen -> Standort**.
2. **Wähle aus:**
    - Erlaube die ganze Zeit
    - Nur während der Nutzung der App zulassen
    - Leugnen

Tipps
1. **Die Need-to-know-Basis:** Benötigt eine Essensliefer-App immer Ihren Standort oder nur, wenn Sie sie aktiv nutzen?

2. **Verwendung des Hintergrundstandorts:** Seien Sie besonders vorsichtig bei Apps, die im Hintergrund Zugriff auf den Standort anfordern.
3. **Internetbrowser:** Browser können auch nach Ihrem Standort fragen. Verwalten Sie dies in Ihren Browsereinstellungen.
4. **Überprüfen Sie regelmäßig:** Überprüfen Sie regelmäßig, welche Apps Zugriff auf den Standort haben, und widerrufen Sie diejenigen, die Sie nicht mehr für erforderlich halten.

Weitere Überlegungen

- **Google Benutzerkonto:** Auch wenn der Systemstandort deaktiviert ist, kann Google Ihren Standort weiterhin über andere Dienste verfolgen. Weitere Informationen finden Sie in den Einstellungen Ihres Google-Kontos.
- **Kompromisse:** Durch die Deaktivierung des Standorts werden Funktionen unterbrochen, die darauf angewiesen sind (z. B. Kartennavigation, Wetter-Apps, Taggen von Fotos mit Standorten).

Datenerfassung Verstehen

In der heutigen vernetzten Welt ist Ihr Smartphone oft eine datengenerierende Maschine. Hier ist eine Aufschlüsselung, wie diese Daten erfasst werden:

Wer sammelt Daten?

- **Android-Betriebssystem:** Google sammelt grundlegende Nutzungs- und Diagnosedaten, um das Android-Betriebssystem zu verbessern.
- **Motorola:** Ihr Gerätehersteller sammelt möglicherweise Telemetrie- und Nutzungsdaten zur Überwachung des Gerätezustands und zur Verbesserung seiner Produkte.
- **Apps:** Viele Apps, insbesondere kostenlose, sammeln eine Vielzahl von Daten für Werbung, Analysen oder zur Verbesserung ihrer Dienste.
- **Dritte innerhalb von Apps:** In Apps eingebettete Werbenetzwerke und Analyse-Tracker sammeln häufig noch detailliertere Daten.

Arten der erfassten Daten
- **Geräteinformation:** Modell, Betriebssystemversion, eindeutige Kennungen.
- **Nutzungsmuster:** Welche Apps nutzen Sie, wie oft und wie lange?
- **Standortdaten:** Siehe den vorherigen Abschnitt zu **„Steuerung der Standortverfolgung."**
- **Inhalt der Kommunikation (in einigen Fällen):** Einige Apps analysieren möglicherweise den Inhalt Ihrer Nachrichten oder E-Mails, um Funktionen oder gezielte Werbung bereitzustellen.
- **Suchverlauf:** Was Sie in Apps und Webbrowsern suchen.
- **Kontakte:** Einige Apps, vor allem soziale Medien oder Kommunikations-Apps, laden möglicherweise Ihre Kontaktliste hoch.
- **Und mehr...** Die Einzelheiten hängen von den von Ihnen verwendeten Apps ab.

Wie Daten verwendet werden
1. **Verbesserung der Dienstleistungen:** Zur harmlosen Nutzung gehören die Behebung von Fehlern, die Verbesserung der

App-Leistung und die Entwicklung von Funktionen.

2. **Gezielte Werbung:** Ihre Daten erstellen ein Anzeigenprofil, um Ihnen „relevante" Anzeigen anzuzeigen.
3. **Verkauft an Datenbroker:** Aggregierte Daten können monetarisiert werden, indem sie für verschiedene Zwecke an Dritte verkauft werden.

Kontrolle übernehmen

- **Datenschutzrichtlinien:** Nehmen Sie sich vor der Installation einer App einen Moment Zeit, um deren Datenschutzrichtlinie (falls vorhanden) zu lesen, um zu verstehen, welche Daten erfasst und wie sie verwendet werden.
- **Berechtigungen:**Verwalten Sie App-Berechtigungen sorgfältig (siehe **„App-Berechtigungen verwalten"** Abschnitt).
- **Account Einstellungen:**Google und andere Dienstanbieter bieten in Ihren Kontoeinstellungen häufig eine gewisse Kontrolle über die gesammelten Daten und die Anzeigenausrichtung an.

- **Begrenztes Werbe-Tracking:** Ihr Telefon kann wahrscheinlich die Anzeigenverfolgung einschränken oder Werbekennungen zurücksetzen. Dadurch wird die Erfassung nicht gestoppt, es schränkt jedoch die Wirksamkeit Ihrer gezielten Ansprache ein.

Wichtiger Hinweis: Selbst bei sorgfältiger Kontrolle ist es nicht einfach, die Datenerfassung in der modernen Smartphone-Welt zu verhindern.

Malware- und Virenschutz

Obwohl sie nicht so anfällig sind wie PCs, können Android-Telefone dennoch ein Ziel für Malware sein. Lassen Sie uns diese Bedrohung verstehen und Ihre Verteidigung stärken:

Arten mobiler Malware

- **Adware:** Aggressive Werbe-Popups, geänderte Browsereinstellungen und entladen Ihren Akku
- **Spyware:** Verfolgt Ihre Aktivitäten, stiehlt Passwörter und überwacht Anrufe.
- **Ransomware:** Hält Ihre Daten als Geiseln und verlangt eine Zahlung für deren Freigabe.
- **Trojaner:** Als legitime Apps getarnt, führen sie im Hintergrund heimlich bösartige Aktionen aus.

Wie wird Ihr Telefon infiziert?

- **Schattige Apps:** Das größte Risiko besteht darin, Apps von nicht vertrauenswürdigen Quellen außerhalb des Google Play Store herunterzuladen.
- **Phishing-Angriffe:** E-Mails oder SMS mit Links oder Anhängen, die Sie zur Installation von Malware verleiten.
- **Sicherheitslücken:** Veraltete Betriebssysteme können Sicherheitslücken aufweisen, die von Malware ausgenutzt werden.

Eingebaute Schutzvorrichtungen

- **Google Play Protect:** Das integrierte Sicherheitssystem von Google durchsucht den Play Store nach schädlichen Apps und überprüft Ihre installierten Apps regelmäßig auf Bedrohungen.

Empfohlene Vorgehensweise

1. **Bleiben Sie beim Play Store:** Laden Sie Apps aus dem offiziellen Google Play Store herunter. Es könnte besser sein, aber es reduziert Ihr Risiko erheblich.

2. **Überprüfen Sie die App-Berechtigungen:** Überprüfen Sie vor der Installation die Berechtigungen, die eine App anfordert. Benötigt eine einfache Taschenlampen-App Zugriff auf Ihre Kontakte?
3. **Rezensionen lesen:** Suchen Sie nach negativen Bewertungen, in denen verdächtiges Verhalten oder aufdringliche Werbung erwähnt wird.
4. **Halten Sie die Software auf dem neuesten Stand:** Installieren Sie Android-Betriebssystem- und App-Updates, sobald sie verfügbar sind. Diese schließen häufig Sicherheitslücken.
5. **Seien Sie vorsichtig mit Links und Anhängen:** Vermeiden Sie das Öffnen von Links oder Anhängen in E-Mails oder Texten aus unbekannten oder nicht vertrauenswürdigen Quellen.

Benötige ich eine Antiviren-App?
Der integrierte Play Protect und gute Sicherheitsgewohnheiten reichen für die meisten Benutzer aus. Bezahlte Antiviren-Apps bieten jedoch möglicherweise Folgendes:

- **Echtzeit-Scannen:** Aktives Scannen von heruntergeladenen Dateien oder von Ihnen besuchten Websites.
- **Diebstahlschutzfunktionen:** Lokalisieren, sperren oder löschen Sie ein verlorenes Telefon aus der Ferne.
- **Zusätzliche Sicherheit:** Es könnte eine Überlegung wert sein, wenn Sie besonders risikoscheu sind oder mit hochsensiblen Daten umgehen.

Seriöse Optionen
- Bitdefender
- Norton
- McAfee

Anpassungsoptionen

Widgets und Verknüpfungen

Mithilfe von Widgets und Verknüpfungen haben Sie die Informationen und Aktionen, die Sie am meisten benötigen, direkt zur Hand, sodass Sie nicht ständig in Apps stöbern müssen.

Widgets
- **Was sind Sie:** Widgets sind Mini-App-Ansichten direkt auf Ihrem Startbildschirm.
- **Häufige Beispiele:**
    - **Wetter-Widgets:** Aktuelle Bedingungen und Prognosen.
    - **Uhr-Widgets:** Oft mit anpassbarem Aussehen.
    - **Kalender-Widgets:** Kommende Veranstaltungen anzeigen.

- **Nachrichten-Widgets:** Ziehen Sie Schlagzeilen aus den von Ihnen ausgewählten Quellen heran.
- **Schnellsteuerung:** Steuerung des Musikplayers, Umschalten der Taschenlampe usw.
* **Viele weitere Möglichkeiten:** Durchsuchen Sie Ihre App-Bibliothek – viele Apps bieten Widgets!

Widgets hinzufügen

1. **Lange drücken:** Drücken Sie lange auf einen leeren Bereich Ihres Startbildschirms.
2. **Widgets-Option:** Tippen Sie auf "**Widgets**" (Der Wortlaut kann je nach Telefon leicht variieren.)
3. **Durchsuchen und auswählen:** Suchen Sie das gewünschte Widget und tippen Sie darauf.
4. **Platzieren und Größe ändern:** Normalerweise können Sie das Widget durch Ziehen positionieren, und einige bieten möglicherweise Optionen zur Größenänderung an.

Verknüpfungen

- **Direkter Zugriff auf App-Aktionen:** Überspringen Sie das Öffnen der App und springen Sie direkt in eine bestimmte Aktion.
- **Beispiele:**
    - Verfassen Sie eine neue E-Mail (in Ihrer Mail-App)
    - Zu einer bestimmten Adresse navigieren (in Karten)
    - Direktnachricht an einen bestimmten Kontakt senden (Messaging-Apps)

Verknüpfungen erstellen

- **Drücken Sie lange auf das App-Symbol:** Suche nach einem **'Verknüpfungen'** Option oder Popup-Menü.
- **Wählen Sie die Aktion aus:** Wählen Sie die gewünschte Aktion aus der verfügbaren Liste aus.
- **Platz auf dem Startbildschirm:** Die Verknüpfung wird als separates Symbol platziert.

Tipps

1. **Themen-Widgets:** Einige Apps bieten wunderschön gestaltete Widgets, die zu der

Gesamtästhetik passen, die Sie auf Ihrem Telefon wünschen.

2. **Widget-Stapel:** Sparen Sie Platz – einige Telefone ermöglichen das Erstellen eines Stapels von Widgets, die Sie durchblättern können.
3. **Nicht überfüllen:** Gleichen Sie Widgets und Verknüpfungen mit Leerzeichen aus, um ein sauberes Erscheinungsbild zu erzielen!

Kantenanzeigeeinstellungen

Die geschwungenen Kanten des Displays Ihres Edge 50 Pro dienen nicht nur der Optik. Motorola bietet auch einige Softwarefunktionen zur Verbesserung der Funktionalität!

Zugriff auf die Edge-Einstellungen:
Normalerweise in der Haupt-App „Einstellungen" zu finden. Suchen nach "**Rand**" oder suchen Sie nach:

- **Anzeige -> Kantenanzeige**
- **Funktionen -> Moto Edge** (oder ähnliche Formulierung)

Gemeinsame Edge-Funktionen
- **Edge-Benachrichtigungen:** Die Ränder können mit subtilen Effekten aufleuchten, um eingehende Benachrichtigungen zu signalisieren, selbst wenn Sie mit dem Gesicht zum Telefon schauen. Sie können häufig Farben für verschiedene Apps oder Kontakte anpassen.
- **Kantenberührung:** Durch Tippen oder Wischen am Bildschirmrand können verschiedene Verknüpfungen und Aktionen ausgeführt werden. Zu den Optionen könnten gehören:
    - App-Wechsel
    - Kurze Screenshots
    - Zurückgesten
- **Kantenbeleuchtung (beim Spielen):** Bei einigen Modellen leuchten die Ränder bei eingehenden Anrufen und Benachrichtigungen während Vollbildspielen auf, um weniger aufdringliche Warnungen zu erhalten.
- **App Edge:** Bietet möglicherweise eine Liste von Apps, auf die über eine Registerkarte auf dem Edge-Bildschirm schnell zugegriffen

werden kann. Ähnlich einer Mini-App-Schublade.

Wichtige Dinge, die es zu beachten gilt

- **Anpassung:** Der Grad der Anpassung variiert zwischen den Motorola-Geräten. Experimentieren Sie mit den verfügbaren Einstellungen, um die Edge-Anzeige Ihren Wünschen anzupassen.
- **Versehentliche Berührungen:** Bei einigen Benutzern kann es sein, dass das Edge-Display dazu neigt, versehentliche Berührungen zu registrieren. Die Einstellungen bieten möglicherweise Optionen zum Reduzieren der Empfindlichkeit oder zum Deaktivieren einiger Edge Touch-Funktionen.
- **Auswirkungen auf die Batterie:** Funktionen wie Edge-Benachrichtigungen und Lichteffekte können einen leichten Einfluss auf die Akkulaufzeit haben.

Tipps

1. **Experiment:** Probieren Sie die Funktionen aus, um zu sehen, ob sie Ihren Arbeitsablauf

verbessern oder Verknüpfungen bieten, die Sie wirklich nützlich finden.

2. **Deaktivieren, wenn nicht verwendet:** Wenn Sie die Edge-Display-Funktionen nicht wertvoll finden, schalten Sie sie in den Einstellungen aus, um Ihr Erlebnis zu vereinfachen und etwas Batterie zu sparen.

Moto-Aktionen (Gesten)

Moto-Aktionen sind intuitive Gesten, die praktische Verknüpfungen und Funktionen auf Ihrem Telefon auslösen. Mal sehen, was Sie tun können:

Moto-Aktionen finden

- **Moto-App:** Motorola bietet häufig eine spezielle Moto-App an. Suchen Sie in Ihrer App-Schublade danach.
- **Einstellungen:** Einige Aktionen befinden sich möglicherweise in der Haupteinstellungs-App. Suchen nach '**Moto**" oder "**Gesten**."

Allgemeine Moto-Aktionen

- **Quick Capture (Drehgeste):** Starten Sie die Kamera, indem Sie Ihr Handgelenk zweimal drehen.

- **Schnelle Taschenlampe (Chop-Chop):** Schalten Sie die Taschenlampe mit einer doppelten Hackbewegung ein/aus.
- **Drei-Finger-Screenshot:** Machen Sie einen Screenshot, indem Sie den Bildschirm mit drei Fingern berühren.
- **Flip für DND (Bitte nicht stören):** Legen Sie das Telefon mit der Vorderseite nach unten, um den „Bitte nicht stören"-Modus zu aktivieren.
- **Auf zur Stille:** Schalten Sie eingehende Anrufe stumm, indem Sie den Hörer abheben.
- **Mediensteuerung:** Verwenden Sie die Lautstärketasten, um Titel zu überspringen, wenn der Bildschirm ausgeschaltet ist (muss möglicherweise in den Einstellungen aktiviert werden).

Weitere Möglichkeiten
- Dies sind nur einige Beispiele. Die spezifischen verfügbaren Gesten können je nach Motorola-Modell variieren. Sehen Sie sich Ihre Moto Actions-Einstellungen an, um eine vollständige Liste zu erhalten!

Tipps

1. **Meistern Sie Ihre Favoriten:** Konzentrieren Sie sich auf einige Moto-Aktionen, die Ihren täglichen Arbeitsablauf deutlich verbessern, und meistern Sie diese.
2. **Übertreiben Sie es nicht:** Zu viele Gesten können verwirrend sein. Seien Sie wählerisch!
3. **Übung macht den Meister:** Es erfordert etwas Übung, bis die Gesten zur zweiten Natur werden.

Batterie Optimierung

Energiesparmodi

Ihr Edge 50 Pro bietet integrierte Energiesparmodi, um die Akkulaufzeit zu verlängern, wenn jeder Prozentsatz zählt.

Wo man sie findet

Normalerweise unter:

- **Einstellungen -> Batterie:** Suche "**Batteriesparmodus**," "**Leistung Sparmodus**," oder ähnliche Optionen.

- **Schnelleinstellungen:** Bei einigen Telefonen gibt es im Bereich „Schnelleinstellungen" eine Stromsparfunktion.

So funktionieren Energiesparmodi

- **Reduzierte Leistung:** Der Prozessor Ihres Telefons wird möglicherweise verlangsamt, um Energie zu sparen.
- **Begrenzte Hintergrundaktivität:** Apps werden im Hintergrund nicht so oft aktualisiert, wodurch Benachrichtigungen für nicht unbedingt erforderliche Apps verzögert werden.
- **Eingeschränkte Standortdienste:** GPS und andere Standortverfolgungen sind möglicherweise deaktiviert oder funktionieren seltener.
- **Visuelle Verbesserungen:** Möglicherweise wird die Bildschirmhelligkeit verringert, Animationen deaktiviert und der Dunkelmodus wird möglicherweise erzwungen.

Verschiedene Modi

- **Grundlegendes Energiesparen:** Bietet moderate Batterieeinsparungen bei minimaler Auswirkung auf den täglichen Gebrauch.
- **Extreme Energieeinsparung:** Dadurch kann die Funktionalität erheblich auf

wesentliche Apps (Telefonanrufe, SMS) beschränkt werden und die Benutzeroberfläche wird oft zu einer sehr einfachen.

- **Adaptive Batterie (automatisch):** Einige Telefone verfügen über einen adaptiven Modus, der Ihr Nutzungsverhalten lernt und die Hintergrundaktivität für Apps selektiv anpasst, um den Akku ohne manuelles Eingreifen zu optimieren.

Zusätzliche Tipps

- **Anpassbare Modi:** Bei einigen Telefonen können Sie genau festlegen, welche spezifischen Funktionen deaktiviert werden, wenn Sie den Energiesparmodus aktivieren.
- **Statistik zur Batterienutzung:** Überprüfen Sie, welche Apps am meisten Strom verbrauchen (**Einstellungen -> Batterie**). Erwägen Sie, die Nutzung besonders stromhungriger Apps zu reduzieren.

Wichtiger Hinweis: Energiesparmodi sollen die Akkulaufzeit im Notfall verlängern und sind nicht als dauerhafte Lösung gedacht.

Batterieverbrauch Verstehen

Zu wissen, wie Ihr Telefon den Akku nutzt, ist der erste Schritt zu einer längeren Lebensdauer. Android bietet eine detaillierte Aufschlüsselung:

Wo finde ich Batteriestatistiken?
- **Einstellungen -> Batterie:** Dies ist Ihre primäre Anlaufstelle für Batterieinformationen.
- **Batterieverbrauch:** Suchen Sie nach einem Abschnitt mit dem Namen „**Batterie Verwendung**," "**Batteriedetails**," o.ä.

Informationen finden Sie
- **Gesamtbatteriestand:** Ihr aktueller Batteriestand und die geschätzte verbleibende Zeit.
- **Diagramm zum Batterieverbrauch:** Zeigt an, wie viel Prozent Ihr Akku im Laufe der Zeit entladen hat.
- **Liste der Apps (geordnet nach Verbrauch):** Hier wird angezeigt, welche Apps seit Ihrer letzten vollständigen Aufladung den meisten Strom verbraucht haben.

- **Zusätzliche Details (können variieren):** Auf einigen Telefonen wird möglicherweise Folgendes angezeigt:
  - **Bildschirm-Einschaltzeit seit der letzten vollständigen Aufladung:** Wie lange ist Ihr Bildschirm aktiv?
  - **Aufschlüsselung nach Systemkomponenten:** Bietet detaillierte Details (Bildschirm, Mobilfunknetz, WLAN usw.).

Analysieren des Batterieverbrauchs

- **Überraschungen:** Stehen Apps ganz oben auf der Liste, mit denen Sie nicht gerechnet haben?
- **Hintergrundnutzung:** Tippen Sie auf eine App, um den Stromverbrauch im Vordergrund (während Sie sie aktiv nutzen) im Vergleich zur Hintergrundaktivität anzuzeigen.
- **Veränderung im Laufe der Zeit:** Vergleichen Sie diese Daten, um Muster zwischen einem normalen Tag und einem Tag mit starker Nutzung zu erkennen.

Tipps
1. **Gierige Apps:** Erwägen Sie, die Hintergrundaktivität stromhungriger Apps einzuschränken, suchen Sie nach Alternativen oder deinstallieren Sie sie, wenn sie selten verwendet werden.
2. **Nach Updates:** Überwachen Sie den Akkuverbrauch einige Tage lang nach Software- oder App-Updates, da diese manchmal zu Fehlern führen, die zu unerwarteten Entladungen führen.
3. **Hardwareprobleme:** Wenn sich Ihr Akku auch bei geringer Nutzung sehr schnell entlädt, kann dies auf einen defekten Akku hinweisen und eine Überprüfung Ihres Geräts rechtfertigen.

Beheben Häufiger Probleme

App-Abstürze

Es ist unglaublich frustrierend, wenn eine App plötzlich nicht mehr funktioniert oder unerwartet geschlossen wird. Hier ist ein Fehlerbehebungsprozess:

Erste Schritte
1. **Ist es nur eine App?** Stellen Sie fest, ob das Problem bei einer einzelnen App oder bei mehreren liegt.
2. **Starten Sie die App neu:** Schließen Sie die App vollständig und versuchen Sie, sie erneut zu öffnen.
3. **Starten Sie Ihr Telefon neu:** Ein klassischer Fix, der häufig vorübergehende Störungen behebt.

Wenn das Problem weiterhin besteht
1. **Suchen Sie nach App-Updates:** Öffnen Sie den Google Play Store, gehen Sie zu „Meine Apps und Spiele" und suchen Sie nach verfügbaren Updates für die abstürzende App.

2. **App-Cache leeren:**
    - **Einstellungen -> Apps & Benachrichtigungen (oder Apps) -> Wählen Sie die problematische App aus -> Speicher -> Cache löschen.** (Dadurch werden Ihre Daten innerhalb der App nicht gelöscht)

3. **Stoppen der App erzwingen:**
    - **Einstellungen -> Apps & Benachrichtigungen (oder Apps) -> Wählen Sie die problematische App aus -> Stopp erzwingen.** (Verwenden Sie dies als letzten Ausweg vor dem nächsten Schritt)

4. **Installieren Sie die App neu:** Deinstallieren Sie die App und installieren Sie sie anschließend erneut aus dem Play Store. Warnung: Dadurch werden möglicherweise App-Daten gelöscht, es sei denn, die App wird

ausdrücklich mit einem Cloud-Konto synchronisiert.

Wenn es immer noch abstürzt

- **Entwicklerkontakt:** Wenn die App ein „Kontaktieren Sie den Entwickler' Melden Sie das Problem zusammen mit Ihrem Gerätemodell und der Android-Betriebssystemversion.
- **Warten Sie auf eine Lösung:** Überprüfen Sie die App-Rezensionen im Play Store. Wenn bei anderen das gleiche Problem auftritt, handelt es sich wahrscheinlich um einen Fehler, der vom App-Entwickler behoben werden muss.

Zusätzliche Ursachen

- **Geräteinkompatibilität:** In seltenen Fällen müssen einige Apps möglicherweise vollständig für Ihr spezifisches Telefonmodell optimiert werden.
- **Wenig Speicherplatz:** Ein volles Telefon kann zu Instabilität führen. Geben Sie Speicherplatz frei, wenn Ihnen der Speicherplatz ausgeht.

- **Systemweite Probleme:** Wenn viele Apps abstürzen, liegt möglicherweise ein größeres Problem mit Ihrem Android-Betriebssystem vor, das eine weitere Fehlerbehebung erfordert.

Langsame Leistung

Wenn sich Ihr Telefon langsam anfühlt, beeinträchtigt dies das gesamte Erlebnis. Versuchen wir, den Schuldigen zu finden:

Mögliche Ursachen
- **Zu viele Apps laufen:** Jede App benötigt eine gewisse Menge RAM. Haben Sie die Angewohnheit, Apps nicht zu schließen? Das kann sich summieren.
- **Ressourcenhungrige Apps:** Einige Apps, insbesondere schlecht optimierte Spiele oder Apps, die ständig im Hintergrund laufen, können zu Verlangsamungen führen.
- **Wenig Speicherplatz:** Ein nahezu volles Telefon benötigt freien Speicherplatz, um reibungslos zu funktionieren.
- **Veraltete Software:** Sowohl Android-Betriebssystem- als auch

App-Updates bringen manchmal Leistungsverbesserungen.
- **Überhitzung:** Wenn Ihr Telefon heiß ist, drosselt es möglicherweise die Leistung, um die Temperatur zu senken.
- **Hardware-Alterung:** Über mehrere Jahre hinweg können sich die Komponenten naturgemäß etwas verlangsamen.

Schritte zur Fehlerbehebung

1. **Neu starten:** Der klassische erste Schritt besteht darin, temporäre Dateien zu löschen und häufig kleinere Probleme zu beheben.
2. **Hintergrund-Apps schließen:** Erzwingen Sie das Schließen von Apps, die Sie nicht aktiv nutzen, um RAM freizugeben.
3. **Auf Updates prüfen:** Stellen Sie sicher, dass Ihr Android-Betriebssystem (in den Einstellungen) und alle Ihre Apps (Play Store) auf dem neuesten Stand sind.
4. **Identifizieren Sie die Täter:** Verwenden Sie die Batterie-/Datennutzungsstatistiken (in den Einstellungen), um zu sehen, ob Apps ungewöhnlich ressourcenintensiv sind
5. **Speicherplatz freigeben:** Löschen Sie alte Dateien und Fotos oder deinstallieren Sie

nicht verwendete Apps. Streben Sie mindestens 10-15 % freien Speicherplatz an.

6. **Extreme Maßnahmen:** Wenn nichts anderes hilft, ein „**Werkseinstellungen zurückgesetzt**" (gefunden in**Einstellungen -> Sichern und Zurücksetzen**) reinigt Ihr Telefon und behebt möglicherweise zugrunde liegende Softwareprobleme.*Notiz:*Dadurch werden alle Ihre Daten gelöscht. erstmal sichern!

Tipps

1. **Leichte Apps:** Wenn Ihr Telefon älter ist, suchen Sie nach „**Ein wenig**" oder "**Gehen**" Versionen beliebter Apps, die für leistungsschwächere Geräte entwickelt wurden.

2. **Achten Sie auf Überhitzung:** Vermeiden Sie intensive Gaming-Sessions in direktem Sonnenlicht oder entfernen Sie die Hülle, wenn Ihr Telefon bei normalem Gebrauch heiß wird.

Verbindungsprobleme

Lassen Sie uns vernetzen! Hier erfahren Sie, wie Sie Probleme mit WLAN, Bluetooth oder mobilen Daten beheben können.

Allgemeine Schritte

1. **Flugzeug-Modus:** Stellen Sie sicher, dass der Flugmodus ausgeschaltet ist. Durch schnelles Ein-/Ausschalten können Verbindungen zurückgesetzt werden.
2. **Starten Sie Ihr Telefon neu:** Der uralte Fix kann vorübergehende Störungen beheben.
3. **„Vergessen" und erneut hinzufügen:** Lassen Sie Ihr Telefon bei Wi-Fi-Netzwerken oder Bluetooth-Geräten die Verbindung vergessen und stellen Sie dann die Verbindung wie beim ersten Mal wieder her.

Wi-Fi-spezifische Probleme

1. **Router-Entfernung:** Sind Sie weit von Ihrem WLAN-Router entfernt? Schwaches Signal = Ärger.
2. **Neustart des Routers:** Schalten Sie Ihren Router aus und wieder ein (ziehen Sie den Netzstecker und schließen Sie ihn wieder an).

3. **Netzüberlastung:** Teilen sich viele andere Geräte dasselbe WLAN? Dies kann es verlangsamen.

Bluetooth-spezifische Probleme
1. **In Reichweite:** Bluetooth hat eine begrenzte Reichweite. Stellen Sie sicher, dass Ihre Geräte nahe genug sind.
2. **Verbindungsmodus:** Stellen Sie sicher, dass sich das Bluetooth-Gerät im erkennbaren Kopplungsmodus befindet (siehe Handbuch).
3. **Interferenz:** Andere elektronische Geräte können manchmal Bluetooth stören. Versuchen Sie, sich von Störquellen zu entfernen.

Mobile datenspezifische Probleme
1. **In den Einstellungen aktiviert?:** Stellen Sie sicher, dass mobile Daten in Ihren Einstellungen aktiviert sind.
2. **Datumsgrenze:** Haben Sie das Datenlimit Ihres Monatsplans überschritten? Kontaktieren Sie Ihren Mobilfunkanbieter.

3. **Abdeckung:** Befinden Sie sich in einem Gebiet mit guter Versorgung? Überprüfen Sie die Abdeckungskarten Ihres Netzbetreibers.
4. **APN-Einstellungen (selten):** Wenn Sie kürzlich den Mobilfunkanbieter gewechselt haben, müssen Sie möglicherweise Ihre APN-Einstellungen anpassen. Diese erhalten Sie normalerweise im Hilfebereich Ihres Netzbetreibers.

Erweiterte Fehlerbehebung
1. **Zurücksetzen der Netzwerkeinstellungen:** (Einstellungen -> Sichern und Zurücksetzen normalerweise) Dadurch werden alle Netzwerkeinstellungen auf die Standardeinstellungen zurückgesetzt.
2. **Problem mit der SIM-Karte (sehr selten):** Wenn weiterhin Probleme mit den mobilen Daten bestehen, könnte der letzte Schritt das erneute Einsetzen Ihrer SIM-Karte oder die Kontaktaufnahme mit Ihrem Mobilfunkanbieter für einen möglichen Ersatz sein.

Notiz:Der genaue Wortlaut und der Speicherort der Einstellungen können bei verschiedenen Motorola-Telefonen geringfügig abweichen.

Über den Autor

William C. Wills ist ein renommierter Technologieexperte und Autor, dessen Leidenschaft es ist, komplexe Geräte zu entmystifizieren und Benutzern die Möglichkeit zu geben, ihr volles Potenzial auszuschöpfen. Mit seiner mehr als zwei Jahrzehnte dauernden Karriere in der Technologiebranche hat er sich als vertrauenswürdige Stimme in den Bereichen Unterhaltungselektronik und Smart-Home-Automatisierung etabliert.

William wurde im Silicon Valley, dem Epizentrum der technologischen Innovation, geboren und war schon in jungen Jahren mit der sich ständig weiterentwickelnden Welt der Gadgets und Spielereien vertraut. Dieser frühe Kontakt entfachte eine lebenslange Faszination für Technologie und den Wunsch, sie jedem zugänglich zu machen, unabhängig von seinem technischen Fachwissen.

Nach seinem Abschluss in Informatik an der Stanford University begann William eine Reise, die ihn an die Spitze der Technologiebranche führte. Er arbeitete mit führenden Unternehmen zusammen und trug zur Entwicklung innovativer Produkte und Dienstleistungen bei, die die Art und Weise, wie wir mit Technologie leben und interagieren, revolutionierten.

www.ingramcontent.com/pod-product-compliance
Lightning Source LLC
Chambersburg PA
CBHW052149220526
45471CB00004B/1601